Ulrike Strätling

Wie die Zeit vergeht

AF638428

Ulrike Strätling

Wie die Zeit vergeht

Geschichten zum Vorlesen
für Menschen mit Demenz

BRUNNEN
Verlag GmbH · Giessen

Seite 59 Originalfassung des Gedichts Footprints
© 1964 Margaret Fishback Powers.
Deutsche Fassung des Gedichts Spuren im Sand
© 1996 Brunnen Verlag GmbH, Gießen.

MIX
Papier | Fördert gute Waldnutzung
FSC® C083411

6. Auflage 2024

© 2017 Brunnen Verlag GmbH, Gießen
Lektorat: Eva-Maria Busch
Umschlagfoto: mauritius images/
image BROKER/Winfried Fischer
Umschlaggestaltung: Jonathan Maul
Satz: Uhl + Massopust, Aalen
Druck: CPI books GmbH
ISBN Buch 978-3-7655-4312-8
ISBN E-Book 978-3-7655-7495-5

www.brunnen-verlag.de

Inhalt

Von den Wünschen der Tiere

Vor vielen, vielen Jahren, als Gott die Welt erschaffen hatte, entstand eine große Unruhe unter den Tieren. Sie waren nicht zufrieden mit der Welt, auf der sie lebten. Viele Tiere hatten besondere Wünsche, wie die Erde anders aussehen sollte.

Gott, der Herr, hatte von den Wünschen der Tiere gehört. Darum rief er sie alle zusammen. Es war an einem schönen warmen Frühlingstag, die Blumen dufteten süß und überall wuchs frisches, saftiges Grün.

Viele, viele Tiere kamen zu dem Versammlungsplatz: Pferde, Vögel, Kühe und Schweine, Mücken, Bienen und Fliegen, Würmer, Käfer und Maulwürfe, Fische und Frösche. Und es kamen immer mehr.

Gott der Herr sprach: „Wie wünscht ihr euch die Erde? Erzählt es mir, dann kann ich sie umgestalten."

Ein Murmeln und Raunen ging durch die Menge. Schließlich sprachen alle durcheinander und Gott verstand kein Wort.

„So geht das nicht", rief er laut. „Jeweils ein Tier seiner Art soll reden."

Das Pferd begann: „Wir möchten die Erde weit, weich und eben haben. Keine Berge und weniger Wasser. Dann können wir laufen und laufen, so weit uns unsere Hufe tragen."

Gott nickte. Als Nächstes war der Maulwurf an der Reihe.

„Wir möchten eine Welt voller weicher brauner Erde haben. Viel gute lockere und weiche Erde und recht tief. Dann können wir nach Herzenslust Gänge graben und große Hügel aufwerfen."

„Das würde auch mir gefallen", rief ein vorwitziger Regenwurm.

Gott nickte bedächtig.

Jetzt sprach der Adler: „Wir wünschen uns hohe Berge und spitze Felsen, damit wir dort gefahrlos unsere Jungen großziehen können. Wir wollen hoch über den Gipfeln fliegen und leben."

Und wieder nickte Gott.

Nun kam aus einem Schwarm eine kleine Mücke hervor. Sie summte: „Wir Mücken wünschen uns frische Luft und viele, viele Teiche und Tümpel. Die brauchen wir zum Leben."

Gott der Herr nickte wieder.

Ein Fisch schaute aus einem See heraus und rief: „Wir brauchen viel klares Wasser. Am liebsten wäre uns, wenn überall auf der Welt Wasser wäre." Blubb ... und schon tauchte er wieder unter.

Gott nickte wieder und lächelte. Er hatte allen gut zugehört. Und weil er alle Tiere gleich lieb hatte, machte er die Erde eben und weich für die Pferde. Er machte viel braune und lockere Erde für die Maulwürfe. Er schuf Wasser, große und kleine Seen und Flüsse, Meere und Teiche für die Fische. Er ließ gewaltige Berge entstehen für die Adler. Er schuf Wälder und Wiesen für Rehe und Hasen, für Eulen und den Buntspecht. Alle waren zufrieden. Jeder hatte genug Platz.

Auch dem Menschen gefiel diese Welt. Und damit sie weiterhin so schön bleibt, muss jeder von uns seinen Teil dazu beitragen.

Eine Handtasche erzählt

Guten Tag, ich bin Wilma, eine Handtasche. Eine schöne alte rote Handtasche. Zumindest war ich einmal schön, als ich noch jung war. Im Moment bin ich traurig und fühle mich einsam. Stellen Sie sich vor, ich bin doch tatsächlich ausrangiert worden. Man hat mich hoch oben auf den staubigen Dachboden verbannt. Hier liege ich nun auf einer alten Kommode. Mitten im Staub! Was sagen Sie dazu? Ich für meinen Teil bin fassungslos.

Viele schöne Jahre liegen hinter mir. Stolz trug mich die Dame einst am Arm. Bei schönem Wetter flanierten wir täglich im Park. Ich bot der Dame genügend Platz für eine silberne Puderdose, für ihr schickes Spitzentaschentuch und den roten Lippenstift. Auf mich war immer Verlass. Soll das nun der Dank sein? Das habe ich nicht verdient!

Huch, was ist denn das? Irgendetwas kitzelt mich plötzlich. Da krabbeln lange haarige Beine auf mir herum. Acht Beine! Hilfe, eine Spinne! Was macht sie denn da? Sie webt doch tatsächlich ein Netz. Sie will mich einweben. Klack, nun springt vor lauter Angst mein Verschluss auf und ich öffne mich. Die Spinne erschrickt sich und sucht das Weite. Da habe ich noch mal Glück gehabt.

„Piep, piep!“ Nun höre ich es piepen. Das Piepen kommt immer näher und näher. Da schlüpft jemand in mich hinein, nun piepst es drinnen in mir. Es ist eine Maus. Eine kleine graue Maus mit schwarzen runden Äugelein. Ach, wie niedlich! Nun piepst sie noch lauter, mir schmerzen schon die Ohren.

Da – ich sehe noch mehr Mäuse. Es sind der Mäusemann und vier kleine süße Mäusekinder. Sie alle schlüpfen in mich hinein. In meinen schönen roten Bauch. Dort ist genug Platz für alle, macht es euch bequem! Die Mäuse richten sich häuslich ein.

So weit ist es mit mir gekommen ... Ich bin nun ein Mäusehaus. Aber ich finde es schön und die Mäuse sollen es gut bei mir haben. Wenigstens bin ich nicht mehr ganz allein hier oben.

Es ist Nacht geworden. Der Mond scheint durch das kleine Dachfenster, die Mäuse schlafen. Da höre ich plötzlich ein ungewohntes Geräusch. Es ist ein Schnurren, ein gefährlich klingendes Schnurren. Es kommt näher und dann sehe ich in ein paar leuchtend grüne Augen. Lautlos kommen sie näher.

Mein rotes Leder fängt an zu zittern. Nun ist das Schnurren ganz dicht neben mir. Scharfe Krallen legen sich auf mein rotes Leder. Ich habe große Angst. Nicht um mich, nein, was soll mir schon passieren? Aber ich mache mir Sorgen um meine niedliche Mäusefamilie. Nun nähert sich eine Schnauze mit langen Barthaaren. Aus dem Schnurren wird ein Fauchen und die Krallen kratzen an meinem Leder. Das gibt hässliche Striemen, doch es ist mir egal.

„Miau, miau!“, schreit die Katze und will die Mäuse fangen. Sie versucht, in die Tasche zu langen. Eine Pfote ist schon drinnen. Wie unangenehm!

Ich nehme all meinen Mut zusammen und lasse meinen Knipsverschluss zuschnappen. Klack!

„Miauuuuu“, schreit die schwarze Katze und zieht ihre eingeklemmte Pfote wieder heraus. Dabei verliert sie noch eine Kralle. Wütend schimpfend rennt sie davon. Die kommt so schnell nicht wieder!

Unser beschauliches Leben auf dem Dachboden kann nun ungestört weitergehen. Ich will gut auf meine Mäusefamilie aufpassen. Sicherlich werden wir noch eine schöne Zeit zusammen haben.

Ich fühle mich wohl. Das Leben geht ja bekanntlich

immer weiter und man soll das Beste daraus machen. Genau das tue ich. Ich bin nicht mehr allein und das ist die Hauptsache.

Wie die Zeit vergeht!

Es war ein schöner sonniger Tag im September. Der Sommer verabschiedete sich langsam. Es wurde kühler. Ein lauer Wind blies über die Felder.

Zwei Männer, sie hießen Jupp und Oskar, machten ihren täglichen Spaziergang. Der Arzt hatte ihnen mehr Bewegung verordnet, damit Herz und Kreislauf gesund blieben. Jeden Nachmittag liefen die beiden Freunde eine große Runde.

Jupp atmete tief ein und aus. Er sagte: „Mensch, wie die Zeit vergeht. Schon wieder ist es September. Der Herbst steht vor der Tür."

„Ja, ja", meinte Freund Oskar, „die Zeit vergeht wie im Flug. Guck dir meine Kinder an: Eben waren sie noch Babys und jetzt sind sie schon groß. Bald werde ich Opa!"

Jupp nickte mitfühlend. Dann meinte er: „Gestern waren wir selbst noch Kinder. So rechte Lausbuben. Und heute? Mensch, wie die Zeit vergeht!"

Oskar sagte: „Weißt du noch, wie wir unsere Frauen kennengelernt haben?"

Jupp nickte und meinte: „Vor etwa vierzig Jahren ... im Tanzkurs. Mensch, wie die Zeit vergeht! Heute sind die Knochen alt, da ist nichts mehr mit Tanzbein schwingen. Gar nicht dran zu denken."

Oskar nickte verständnisvoll. Während sich die beiden Freunde angeregt unterhielten, liefen sie flotten Schrittes weiter.

Plötzlich blieb Jupp stehen. „Sieh mal da drüben, der schöne Birnbaum. Weißt du noch, wie wir als Kinder immer in Nachbars Birnbaum geklettert sind? Oh, waren die lecker! So süß und saftig!" Beide Männer leckten sich über die Lippen.

Oskar meinte: „Die besten hingen immer ganz oben."

Sein Freund Jupp nickte. „Klar, weil sie der Sonne am nächsten waren. Kannst du dich an das Gedicht erinnern, das wir damals auswendig lernen mussten? Wie hieß es doch gleich?"

Oskar brauchte nicht lange zu überlegen, ihm fiel gleich die erste Strophe ein:

Herr von Ribbeck auf Ribbeck im Havelland,
ein Birnbaum in seinem Garten stand.
Und kam die goldene Herbsteszeit
und die Birnen leuchteten weit und breit,
da stopfte, wenn's Mittag vom Turme scholl,

der von Ribbeck sich beide Taschen voll.
Und kam in Pantinen ein Junge daher,
so rief er: „Junge, wiste 'ne Beer?"
Und kam ein Mädel, so rief er: „Lütt Dirn,
kumm man röwer, ick hebb 'ne Birn."

Jupp sagte: „Mensch, wie die Zeit vergeht, dass du das noch weißt! Ich hätte jetzt die größte Lust, in den Birnbaum zu klettern. Was meinst du, Oskar, ob ich das noch schaffe?"

„Versuche es. Mehr als schiefgehen kann es nicht", antwortete Oskar. Dann liefen beide zu dem Birnbaum. Er gehörte zu einem Bauernhof, der allerdings etwas weiter weg lag. Sie waren ungestört.

Jupp spuckte in die Hände und umfasste den dicken Stamm. „Mach mir mal eine Räuberleiter", rief er.

Oskar tat, wie ihm geheißen, und Jupp stieg in seine Hände. Dann klammerte er sich an einen dicken Ast und begann den Birnenbaum emporzuklettern. Von Ast zu Ast und immer höher.

Er pflückte eine Birne und warf sie Oskar zu. Er pflückte eine zweite Birne und biss hinein. Mmh, die reifen Birnen schmeckten wunderbar! Der süße Saft lief ihm am Kinn herunter.

„Nun steig wieder herab", rief Oskar. Doch schon bei dem ersten Versuch herunterzuklettern rutschte Jupp ab. Er riss sich das Hosenbein auf und stöhnte.

„Ich schaffe es nicht, du musst mir helfen“, rief er von oben.

„Wie denn? Ich komme da bestimmt nicht mehr hoch.“

„Egal wie, aber hilf mir!“, jammerte Jupp. Festgeklammert an einen Ast saß er wie ein Äffchen im Baum. Sein Freund Oskar lachte.

„Lach nicht, hol eine Leiter!“, rief Jupp.

Oskar lief los. Jupp wartete und wartete. Die Zeit verstrich, es schien ihm wie eine Ewigkeit. Dann jammerte er vor sich hin: „Mensch, die Zeit vergeht überhaupt nicht. Wo bleibt Oskar nur?“

Genau nach einer halben Stunde kam Oskar zurück. Allerdings kam er nicht allein. Der Bauer war dabei, dem der Birnbaum gehörte. Er brachte eine extralange Leiter mit. Die reichte bis zu dem Ast, auf dem Jupp hockte.

„Das kommt davon“, sagte der Bauer streng. „Den Hosenboden müsste man euch strammziehen!“ Als der Bauer die erschrockenen Gesichter der beiden Freunde sah, lachte er und meinte: „Wie die Zeit vergeht ... Aber die Früchte in Nachbars Garten sind immer noch die besten. Stimmt's?“

Die Fahrt auf der Eisscholle

Es war ein eiskalter Winter. Seit Wochen sanken die Temperaturen immer wieder unter null Grad. Die Welt schien einzufrieren. Überall hingen lange Eiszapfen an den Dächern. Die Äste der Bäume bogen sich unter der Schneelast. Sogar der Fluss war schon fast zugefroren. Die Enten liefen auf der glitzernden Eisfläche herum.

Herr und Frau Teckelmann machten jeden Tag einen Spaziergang. Bei Wind und Wetter, bei Frost und Hitze, bei Regen und Schnee. Nichts konnte sie davon abhalten.

Jetzt im Winter waren sie immer dick angezogen, wenn sie einen Spaziergang machten. Beide trugen eine warm gefütterte Jacke, sodass ihnen nicht kalt wurde. Ihre Füße steckten in dicken Stiefeln, außerdem trugen sie einen warmen Schal, eine Mütze und Handschuhe.

An einem Freitagnachmittag machten die beiden einen Spaziergang am Fluss entlang. Manfred Teckelmann rief begeistert: „Sieh mal, Sieglinde, der Fluss ist zugefroren. Wollen wir es mal wagen und auf das Eis gehen?"

„Du bist wohl verrückt geworden, Manfred – und lebensmüde! Dabei kann so viel passieren!", rief Frau Teckelmann erschrocken.

„Quatsch, als Kinder sind wir hier auch immer aufs

Eis gegangen“, meinte Manfred. Doch er konnte seine Frau nicht überzeugen. Sie schüttelte nur heftig mit dem Kopf und meinte: „Da warst du auch noch nicht so schwer und dick wie heute. Allein dein dicker Bauch wiegt doch schon so viel wie ein kleiner Kartoffelsack.“

„Nun übertreibst du aber maßlos“, maulte Manfred. Dann lief er auf das Ufer zu. Vorsichtig machte er einen Schritt auf das Eis. Es trug ihn. Er ging noch einen Schritt weiter. Und dann noch einen. Jetzt war er schon drei Schritte vom Ufer entfernt.

„Komm doch auch!“, rief er Sieglinde fröhlich zu.

„Bestimmt nicht“, kam es zurück.

Plötzlich war da ein Geräusch unter Manfreds Füßen. Es knisterte verdächtig, es knackte und krachte. Manfred bekam große Augen. Noch ehe er etwas sagen konnte, krachte es noch mal. Erst sah man nur einen Riss im Eis, dann löste sich eine Eisscholle – und genau darauf stand Manfred.

Die Eisscholle löste sich vom Ufer ab und trieb nun auf dem Fluss. Manfred hatte große Mühe, das Gleichgewicht zu halten. Auf keinen Fall wollte er ins kalte Wasser stürzen. Er bekam Angst, doch das wollte er nicht zugeben. Die Eisscholle trieb immer weiter und Manfred stand auf wackligen Beinen obendrauf. Er fand das gar nicht mehr lustig.

Sieglinde, Manfreds Frau, lief am Ufer entlang. Sie schrie laut um Hilfe. Die Lage war ernst und das Flusswasser eisig kalt. Und genauso eisig kalt war inzwischen Manfreds Nase. Auch seine Füße schienen angefroren zu sein. Kein Wunder: Manfred stand schließlich auf einer eisigen weißen Eisscholle.

Die Fahrt ging weiter. Da tauchte plötzlich ein Boot auf. In dem Boot saß ein Mann. Die Eisscholle trieb genau auf das Boot zu. Manfred befürchtete schon, er würde gleich stürzen und ins kalte Wasser fallen. Aber der Mann im Boot griff nach einer langen Stange mit einem Haken daran. Er packte die Eisscholle damit und zog sie noch dichter ans Boot heran. Dann half er Manfred, ins Boot einzusteigen.

„Welch ein Leichtsinn!“, sagte er. „Wie alt sind Sie eigentlich?“

„Zweiundsiebzig“, sagte Manfred kleinlaut.

„Und noch kein bisschen weise“, meinte der Mann tadelnd.

Manfred war gerettet. Er kam sicher und trocken wieder ans Ufer. Doch was dann seine Frau zu ihm gesagt hat ... Na ja, das kann man sich wohl denken. Das wollen wir uns lieber nicht anhören.

Brotlose Kunst

Der kleine Tim war zu Besuch bei seinen Großeltern. Es war Samstagnachmittag und der Kaffeetisch war gedeckt. Es gab Kaffee für Oma und Opa und heißen Kakao für den kleinen Tim.

Die Oma hatte einen Kirschkuchen mit Streuseln gebacken. Dazu gab es Schlagsahne. Das sah lecker aus.

Tim setzte sich auf einen Stuhl, auf dem ein extradickes Kissen lag. So saß er höher und kam besser an den Teller. Die Oma verteilte stolz den Kuchen.

Nun räusperte sich der Opa, er setzte sich aufrecht hin und fragte: „Na, mein Junge, was willst du denn einmal werden, wenn du groß bist?"

Verträumt schaute der kleine Tim auf ein großes Ölgemälde an der Wand. Dann meinte er: „Ich will einmal ein Maler werden und auch so schöne Bilder malen. Die Leute können dann meine Bilder kaufen und zu Hause über das Sofa hängen."

Opa schüttelte entsetzt mit dem Kopf. Streng sagte er: „Aber Junge, um Gottes willen, das ist doch kein richtiger Beruf. Das ist brotlose Kunst. Damit kannst du keine Familie ernähren. Du musst einen richtigen Beruf erlernen, mit dem du Geld verdienst. So wie ich. Ich war früher Maurer. Häuser werden immer gebaut."

„Dazu habe ich aber keine Lust“, sagte der kleine Tim und trank von seinem heißen Kakao.

Verständnislos schüttelte der Opa erneut mit dem Kopf. „Junge, Junge du musst noch viel lernen. Geld musst du verdienen, damit du einer Frau was bieten kannst. Wie wäre es, wenn du Schneider würdest wie dein Onkel Johann?“, versuchte der Opa es noch einmal.

„Aber Opa, erstens will ich gar nicht heiraten und zweitens braucht man kaum noch einen Schneider. Das übernehmen große Nähmaschinen in Fabriken. Es geht alles vollautomatisch.“ Tim stopfte sich den Mund voll mit Kirschkuchen.

Nachdenklich machte der Opa: „Mh, mh, mh.“ Dann kam ihm wieder eine Idee. Er meinte: „Wie wäre es, wenn du Bäcker wirst? Brötchen werden immer gegessen.“

„Nein, Opa, da muss ich immer so früh aufstehen. Das ist nichts für mich.“

Opa seufzte. „Du kannst ja Koch werden wie dein Vater. Der Mensch muss essen, das ist ein zukunftssicherer Beruf.“

„Lieber nicht, Opa, ich werde bestimmt nie gerne kochen. Das ist nichts für mich. Ich will ein Maler werden und Berge und Meere malen, Wälder und Wiesen, Flüsse und Felder, das ist etwas für mich. Pinsel und Farben sollen mein Werkzeug sein. Und du, Opa, kannst ja mein erstes Bild kaufen. Dann habe ich schon mal etwas Geld."

Nun war der Opa sprachlos. Er zog es vor, nun lieber seinen Kirschkuchen zu essen. Die Oma, die die ganze Zeit nur schmunzelnd zugehört hatte, meinte daraufhin: „Erinnere dich mal, mein lieber Mann. Du wolltest damals auch kein Maurer werden. Dein Vater wollte es. Du hattest ganz andere Träume. Na? Weißt du noch?"

„Ja, ist ja schon gut", brummte der Opa.

Da wurde der kleine Tim recht neugierig. „Was wolltest du denn werden, Opa?"

Leise sagte der Opa, als ob er sich schämte: „Ich wollte ein großer Maler werden. Ja, ein Maler. Ganz genau wie du." Der Opa räusperte sich kurz, dann sagte er: „Du hast recht. Jeder sollte das machen, was er am besten kann und worauf er Lust hat. Dann wird er auch glücklich."

Eijeijei

Paul erhob sich langsam aus seinem Sessel. Er blickte auf das große Paket, das Brunhilde gerade ins Wohnzimmer geschleppt hatte.

„Eijeijei, was ist denn das?", fragte er erstaunt.

„Das ist ein Paket. Hat der Paketdienst gerade gebracht“, sagte Brunhilde schmunzelnd. Sie tat sehr geheimnisvoll.

„Eijeijei und was ist drin in dem Paket?“, wollte Paul nun wissen. Er war neugierig geworden.

„Ein Regal. Um genau zu sein, ein Bücherregal“, antwortete Brunhilde.

„Eijeijei, für welche Bücher denn?“

„Für meine Bücher. Kochbücher, Handarbeitsbücher, für meine Liebesromane und für die Bibel“, sagte Brunhilde. Sie machte ein sehr entschlossenes Gesicht. Mit der rechten Hand wies sie auf eine freie Stelle an der Wand und sagte: „Hier soll es hängen. Und du, mein lieber Paul, hängst es mir auf.“

„Eijeijeijeijei, ‚mein lieber Paul‘ hast du ja schon lange nicht mehr zu mir gesagt.“

Paul schlurfte in den Keller und holte seinen Werkzeugkoffer herauf. Er packte die Bohrmaschine aus. Inzwischen lag das Bücherregal fertig ausgepackt auf dem Teppich. Paul schaute es sich genau an. Dann nahm er mit dem Zollstock Maß. Anschließend malte er mit dem Bleistift zwei Punkte an die Wand. Paul setzte den Bohrer an und bohrte das erste Loch. Weißer Staub rieselte zu Boden. Kurze Zeit später bohrte er das zweite Loch. Wieder rieselte weißer Staub zu Boden.

Brunhilde schaute mit halb zugekniffenen Augen dabei zu. Sie meinte: „Es sieht ganz so aus, als wenn das

Regal schief hängen wird. Die Löcher sind nicht in gleicher Höhe."

„Eijeijei, das meinst du nur. Lass mich mal machen. Auf mein Augenmaß ist Verlass", knurrte Paul.

„Wenn das mal stimmt. Mein Augenmaß sagt mir was anderes", konterte Brunhilde.

„Eijeijei, Frauen, ich sage nur Frauen!", brummelte Paul. Er schraubte das Regal an.

Brunhilde triumphierte: „Schief! Siehst du, total schief!" Paul sah es sich von Weitem an.

„Eijeijei, schief ist Englisch und Englisch ist modern", meinte er zu seiner Entschuldigung.

„Links muss es höher hängen. Nimm die Wasserwaage zu Hilfe", schlug Brunhilde vor.

Paul schraubte das Regal wieder ab. Erneut setzte er den Bohrer an und bohrte links ein neues Loch. Direkt über das andere. Wieder rieselte weißer Staub auf den Boden. Jetzt lag links schon ein kleines Häufchen.

„Das wird wieder schief", rief Brunhilde, „nun muss das rechte Loch noch etwas höher." Kurz entschlossen bohrte Paul ein viertes Loch, wieder über das andere. Wieder rieselte weißer Staub zu Boden. Ein zweites Häufchen Staub entstand.

„Mit viel Glück könnte es passen", meinte Brunhilde. Zuversichtlich schraubte Paul das Regal an.

„O nein, es ist immer noch schief! Da rutschen meine Bücher aber herunter", rief Brunhilde.

„Eijeijeijeijei!“, sagte Paul. „Das bleibt jetzt so, jedenfalls für heute“, maulte er. Leise fügte er noch hinzu: „Morgen nehme ich doch lieber die Wasserwaage zu Hilfe.“

Doch Brunhilde hatte es gehört und lachte. „Warum nicht gleich so!“

Der Riesenwindbeutel

Es war an einem Sonntagnachmittag. Herr und Frau Krenz hatten einen ausgiebigen Spaziergang gemacht. Die Sonne schien warm und golden an diesem schönen Sommertag. Frau Krenz meinte: „Ich hätte Lust auf eine süße Leckerei. Und kalt muss sie sein, am besten ein Eis. Es gibt da eine neue Eisdiele am Marktplatz. Wollen wir mal dort hingehen?“

Herr Krenz nickte begeistert. Er meinte: „Ja, etwas Kaltes täte mir jetzt auch gut. Also los, gehen wir in die neue Eisdiele.“ Hand in Hand schlenderten sie zum Marktplatz. Schon von Weitem war zu erkennen, dass es in der Eisdiele ziemlich voll war. Doch sie hatten Glück und konnten an einem kleinen runden Tisch Platz nehmen.

An der Wand hing ein schönes buntes Plakat. Darauf

war ein großer Windbeutel abgebildet – mit Sahne, Erdbeeren und Eis. Der sah einfach verlockend aus.

„So einen möchte ich haben“, sagte Frau Krenz. Ihr lief schon das Wasser im Mund zusammen. Mmh, süße Sahne, kaltes Vanilleeis, leckere saftige Erdbeeren, dazu der schöne Windbeutel! Köstlich! Herr Krenz bestellte für seine Frau den Windbeutel und für sich ein Eierliköreis.

Beides kam schnell, sie brauchten nicht lange zu warten. Doch was war das? Vor Frau Krenz stellte die freundliche Bedienung lächelnd einen Riesenwindbeutel. Er war wahrhaft riesig. Die untere Hälfte war mit Eis gefüllt, dann kam ein massiger Sahneberg. Darüber floss Erdbeersoße. An den Seiten lagen frische Erdbeeren und obenauf war der Deckel. Alles war mit Puderzucker überstäubt.

Frau Krenz bekam große Augen. Wie sollte sie dieses riesige Ding wohl essen? Frau Krenz beugte sich über den Teller und beäugte den Windbeutel von allen Seiten.

„Puh, ist der riesig, puh!“, sagte sie. Dabei blies sie in den Puderzucker und der wirbelte nun um ihre Nase.

Entschlossen nahm Frau Krenz den Deckel vom Windbeutel ab und biss hinein. Dabei wirbelte der Puderzucker noch einmal auf und das kitzelte sie in der Nase. Sie musste niesen. „Hatschi.“ Nun war kein Puderzucker mehr auf dem Windbeutel zu sehen. Frau Krenz staunte. Wo war er?

Herr und Frau Krenz sahen sich an und mussten plötzlich lachen. Ihre beiden Gesichter waren schön weiß gepudert. Alle Gäste lachten mit und brachten Servietten zum Abwischen. Doch Frau Krenz wollte erst einmal ihren Windbeutel essen. Es war ihr egal, wie sie aussah. Die Hauptsache war, dass er hervorragend schmeckte.

Doch noch während sie den Windbeutel genussvoll verspeiste, wusste sie, dass sie nicht noch einmal ein so schwierig zu essendes Teil bestellen würde. Dann schon lieber ein Eierliköreis.

Im Schlaraffenland

Vor langer Zeit lebte einmal ein Mann, der Jakob hieß. Er war ein Mann im besten Alter, groß und kräftig, ein stattlich anzusehender Herr.

Jakob hatte eine große Leidenschaft: das Reisen. Er wollte die ganze Welt sehen und viele Abenteuer erleben. Immer war er auf der Suche nach besonderen Sehenswürdigkeiten.

Kurz nach seinem vierzigsten Geburtstag packte Jakob wieder mal das Fernweh. Er zog sich seinen Reiseanzug an, nahm sich seinen Hut und griff nach dem Regenschirm. Dann marschierte er los. Gut gelaunt und ein Liedchen pfeifend machte er sich auf den Weg. Er war gespannt, wohin ihn seine Beine diesmal führten.

Einige Wochen wanderte Jakob bereits durch die Wälder und Felder. Er war so weit gelaufen, dass seine Schuhsohlen schon Löcher bekommen hatten. Plötzlich stand er vor einem Berg. Es war ein sehr seltsamer Berg, denn er roch süß nach Vanillepudding.

Neben dem Berg stand ein Schild. Jakob las: „Wer in das Schlaraffenland möchte, muss sich durch den Berg essen." Nanu, sollte dies das Land sein, in dem Milch und Honig flossen?

Jakob holte tief Luft, lockerte seinen Hosengürtel und begann zu essen. Der Pudding schmeckte köstlich und daher fiel es ihm nicht schwer: Nach einer Stunde hatte er sich durch den ganzen süßen Berg hindurchgegessen. Er war auf der anderen Seite angekommen.

Jakob rülpste. Der Puddingbauch machte ihm zu schaffen und er setzte sich auf eine Wiese. Die Sonne schien warm vom Himmel und er schaute sich um. Die Wiese duftete, allerdings nicht nach Gras, sondern nach süßem Zuckerwerk. Die bunten Wiesenblumen waren aus Marzipan und Schokolade. Dazwischen wuchsen Bonbons und Pralinen. Ein verführerischer süßer Duft lag in der Luft. Es roch nach Honig und Kakao, nach Zimt und Zitronenkuchen.

„Wo bin ich? Träume ich etwa?", fragte sich Jakob.

Er kniff sich in den Arm. Au! Nein, er träumte nicht. Seine Augen wurden immer größer. Ungläubig schaute er sich um.

An einem Baum hingen Bratäpfel und kandierte Früchte. Im Bach floss Himbeersaft und darin schwammen knusprig geratene Fische. Ein wenig weiter entfernt standen kleine Häuser aus Kuchen. Schokolade und Sahne verzierten die Wände und Dächer. Wie schön das alles aussah!

Ein Schwein kam angerannt. Doch was war das? Es war schon fertig gebraten und in seinem Rücken steckten Messer und Gabel. Man brauchte sich nur zu bedienen. Jakob schnitt sich ein Stück ab. Lecker! Mhhh, und so gut gewürzt!

Jakob schaute in den Himmel. Was war denn das? Da flogen gebratene Hähnchen durch die Luft. Er musste nur den Arm ausstrecken und schon kam eins in seine Hand geflogen. Plötzlich schwebten luftige, duftige, süße Zuckerwatteflocken vom Himmel. Wie dicke Schneeflocken fielen sie direkt auf Jakob. Er brauchte nur den Mund zu öffnen.

Ja, das war ein Leben hier! Und keiner wollte Geld dafür. Unglaublich! Die Menschen lagen alle faul vor ihren Häusern und hatten dicke Bäuche. Niemand musste arbeiten, keiner musste sich sein Essen selber kochen. Es war wunderbares Leben in diesem Schlaraffenland. Wer möchte das nicht haben?

Jakob fing an zu essen. Es aß und aß den ganzen Tag, bis es Abend wurde. Dann war sein Bauch so dick, dass sein Hemd platzte. Unter einem Baum blieb er auf dem Rücken liegen, in der Hand noch ein gebratenes Hähnchen. Dann schlief er ein.

Acht Stunden später erwachte Jakob wieder. Doch er war nicht im Schlaraffenland, sondern er lag zu Hause in seinem Bett. Er hatte alles nur geträumt.

Schade? Nein, Jakob war froh darüber, denn so ein faules Leben, das war nichts für ihn. Er wollte sein Brot mit ehrlicher Arbeit verdienen. Er wollte fleißig sein und nicht faul und träge.

Bald machte er sich erneut auf die Reise, um ferne, unbekannte Länder zu entdecken.

Gute Reise, Jakob! Gott sei mit dir.

Ein seltsames Hobby

Wie an jedem Morgen schob sich Herr Nolte den alten braunen Fernsehsessel ans Wohnzimmerfenster. Noch ein wenig nach links, noch ein Stückchen vor ... Endlich stand der Sessel an der richtigen Stelle. Als Nächstes zog Herr Nolte die Gardine beiseite.

Es war noch nicht mal acht Uhr am Morgen, aber

Herr Nolte war schon sehr wach. Er sah sich mit einem sehr kritischen Blick um. Auf einem kleinen Beistelltischchen lagen ein Notizblock, ein Bleistift und ein Fernglas parat.

Herr Nolte schaute aus dem Fenster. Der Blick auf die Straße war perfekt. Zufrieden setzte er sich in den alten braunen Fernsehsessel, der jetzt ein Fenstersessel war. Das Fernglas hängte er sich um den Hals und der Notizblock lag auf seinem rechten Oberschenkel. Den Bleistift nahm er in die rechte Hand.

Frau Nolte, die gerade ins Wohnzimmer kam, schüttelte verständnislos mit dem Kopf. Eigentlich wollte sie Staub wischen, doch nun regte sie sich erst mal auf.

„Seit vier Wochen geht das nun schon so", schimpfte sie. „Mein lieber Mann, weißt du eigentlich nichts Besseres mit deiner Freizeit anzufangen? Immer nur die Leute beobachten ... Das ist doch kein anständiges Hobby. Das macht man doch nicht."

Doch! Es war Herrn Noltes Hobby. Und das, seit er in Rente gegangen war, vor genau vier Wochen. Der Blick aus dem Wohnzimmerfenster war geradezu perfekt, um alle Nachbarn kommen und gehen zu sehen. Nichts entging ihm. Dabei kam sein Fernglas sehr oft zum Einsatz. Es war ihm eine große Hilfe.

Zum Beispiel konnte er mit dem Fernglas sehen, was bei den Nachbarn mittags auf dem Tisch stand. Oder er sah, was sich in Frau Schmittchens Einkaufskorb befand. Ja, er konnte sogar bei den Schultens bis in den Kochtopf gucken. Oder bei den Müllers ins Schlafzimmer ... jedenfalls so lange, bis die beiden die Vorhänge zuzogen. Na ja, das Schlafzimmer ging ihn ja auch nichts an!

Herr Nolte notierte alles peinlich genau: das genaue Datum, die Uhrzeit, den Wochentag, den Namen der Person, was sich in der Einkaufstasche befand, welchen Hut der Nachbar trug und welcher Hund gerade Gassi geführt wurde.

So war Herr Nolte Stunde für Stunde und das an jedem Tag beschäftigt. Es machte ihm Freude, all die Menschen in seiner Nachbarschaft zu beobachten.

Frau Nolte hatte es inzwischen aufgegeben, etwas zu sagen. Sie sah nur noch stumm zu, wenn ihr Mann mit dem Fernglas die Leute beobachtete. Und als wäre das alles nicht schon schlimm genug, nein, es kam noch heftiger. Am Abend nämlich, wenn die Noltes im Bett lagen, holte Herr Nolte seinen Notizblock hervor. Freudig las er dann seiner Frau vor, was sich den ganzen Tag lang bei den Nachbarn getan hatte.

„Um vierzehn Uhr kam Opa Meier aus dem Krankenhaus. Er hat nun ein Gipsbein. Oma Meier hat den Kaffeetisch gedeckt und es gab Apfelkuchen“, las Herr Nolte vor.

Er holte gerade Luft, um weiterzulesen, da rief seine Frau: „Schluss jetzt, es reicht! Musst du deine Nase unbedingt in die Sachen und Dinge anderer Leute stecken? In deren Kochtöpfe und Einkaufstaschen? Das gehört sich doch nicht! Jeder hat ein Recht auf sein Privatleben." Frau Nolte schnaubte vor Wut und ihre Mundwinkel zuckten, als sie rief: „Macht es dir so viel Spaß, die Nachbarn zu beobachten?"

„Ja", meinte Herr Nolte, „es macht mir Spaß, meine Nase in anderer Leute Kochtopf zu stecken. Doch ich muss zugeben, es riecht nicht immer gut. Und manchmal komme ich mir auch ziemlich blöd dabei vor."

„Na, das ist doch schon mal ein Anfang", seufzte Frau Nolte. „Vielleicht fällt dir ja noch ein anderes Hobby ein? Briefmarken sammeln, lesen, basteln – oder von mir aus kann es auch ein Hund sein."

„Mh, na ja, mal sehen", knurrte Herr Nolte. Dann schlief er ein. In dieser Nacht träumte er von einem kleinen Hund. Und das war der Anfang eines neuen Hobbys.

Ein sonderbarer Nachbar

Es war ein wunderschöner Sonntagnachmittag im Sommer. Herrlich warm schien die Sonne vom blauen Himmel herab. Kein Wölkchen war zu sehen.

Magdalena hatte auf der Terrasse für sich und ihren

Mann den Kaffeetisch gedeckt. Sie goss den frischen, duftenden Kaffee in die Tassen ein. Dazu gab es ein Stück Bienenstich vom Bäcker. Der schmeckte so wunderbar sahnig – fast wie selbst gemacht. Genussvoll langten die beiden zu.

Während sie ihren Kuchen aßen, meinte Magdalena zu ihrem Mann: „Unser Nachbar, der Herr Krüselmann, ist vielleicht ein sonderbarer Kauz."

„Wieso?", fragte ihr Mann neugierig.

„Na, der benimmt sich oft so seltsam. Manchmal steht er stundenlang auf einem Fleck in seinem Garten und schaut einfach nur umher."

„Mmh", meinte Magdalenas Mann, „der wird schon einen Grund dafür haben."

Magdalena redete weiter: „Stell dir nur vor, gestern verbrachte er drei Stunden damit, an seinen Blumen zu riechen. Das ist doch nicht normal, oder?"

„Sicherlich duften sie so schön süß", sagte ihr Mann.

„Na ja, kann sein", meinte Magdalena. „Aber vorgestern hättest du ihn mal sehen müssen. Da saß er mit geschlossenen Augen volle vier Stunden auf einem Gartenstuhl mitten in seinem Garten."

„Vielleicht war er müde", antwortete Magdalenas Mann.

„Ich weiß nicht, mir kommt das alles ziemlich sonderbar vor", sagte Magdalena und schüttelte verständnislos mit dem Kopf. Ihre Locken flogen dabei hin und her.

„Geh doch einfach hinüber und frag den Nachbarn, warum er das macht“, schlug Magdalenas Mann vor. Er schmunzelte.

Magdalena dachte nach und hielt dabei ihre Nase in die Sonne. Sie hatte bereits eine Idee.

Am Montagmorgen nahm Magdalena zwei Gläser selbst gekochte Erdbeermarmelade und lief hinaus in den Garten. Sie hatte gesehen, dass ihr Nachbar, Herr Krüselmann, gerade wieder mitten in seinem Garten stand. Was tat er? Er starrte in den Himmel.

„Guten Morgen, Herr Krüselmann. Schauen Sie mal, ich habe hier zwei Gläser feinster Erdbeermarmelade für Sie!“, rief Magdalena schon von Weitem.

„Oh, das ist aber nett!“, meinte Herr Krüselmann erfreut.

Magdalena sagte etwas stotternd: „Eh, mmh, ich, ich ... Darf ich ... äh, Sie mal was fragen?“

„Nur zu“, meinte Herr Krüselmann.

„Was tun Sie immer hier im Garten? Warum starren Sie in den Himmel? Warum riechen Sie immer an den Blumen?“, fragte Magdalena.

„Ach so, das möchten Sie gerne wissen. Ich werde versuchen, es zu erklären“, sagte Herr Krüselmann. „Also ... Jetzt haben wir Sommer. Die Natur ist bunt, alles blüht und duftet und die Sonne scheint warm. Aber so bleibt es ja bekanntlich nicht ewig. Bald schon kommt der Herbst und danach werden alle Farben verblassen. Die Bäume verlieren die Blätter und die Blumen duften nicht mehr. Dann kommt der Winter. Alles ist grau oder weiß. Eisige Kälte zieht ins Land. Wir Menschen verkriechen uns in die warmen Häuser. Nun brauchen wir etwas, was unser Gemüt erfreut. Dann ist der Moment gekommen, in dem ich die Augen schließe. Ich erinnere mich an die vielen schönen Farben des Sommers und an die Wärme der Sommersonne. Ich denke an den wunderbaren süßen Blumenduft und an den schönen blauen Himmel. An das Gezwitscher der Vögel und an das Summen der Bienen. Ich erinnere mich an die grüne Natur. Und darum, liebe Frau Nachbarin, stehe ich im Sommer in meinem Garten und sammle. Ich sammle Sommerfarben und Düfte, Geräusche und schöne Eindrücke. Ich sammle all das in meinem Kopf, um mich im Winter daran zu erinnern."

Magdalena staunte. Und sie war sehr beeindruckt.

„Danke", sagte sie, „ab sofort werde ich auch sammeln. Denn ich möchte es im Winter auch bunt und duftend haben."

Magdalena eilte nach Hause, setzte sich in den Garten und schloss die Augen. Nun war auch sie eine Sammlerin.

Vom Häschen, das anders war

Herbstlich bunt leuchtete der Wald im Sonnenschein. Es sah ganz so aus, als ob jeder Baum der schönste sein wollte. Rote, gelbe und orangefarbene Blätter wetteiferten miteinander.

Unter einem dieser Bäume lebte eine Hasenfamilie. Ihr Bau lag tief in der Erde, zwischen all den Wurzeln des Baumes. Im Sommer war Nachwuchs angekommen. Fünf junge Hasenkinder tollten nun ausgelassen vor dem Eingang der Höhle herum. Die warme Herbstsonne ließ ihr Fell glänzen. Sie tobten, rannten und sprangen fröhlich umher und schienen niemals müde zu werden. Mutter Hase war sehr stolz auf ihre Kinder, obwohl eines von ihnen etwas anders war …

Schnell hatte es sich unter den Waldbewohnern herumgesprochen. Jedes Tier wollte das etwas anders aussehende Häschen sehen. Man sagte, es würde gar nicht wie ein kleiner Hase aussehen, es würde seinen Geschwistern gar nicht ähnlich sehen. Alle waren sehr neugierig. Und so kamen täglich viele Tiere vorbei.

Das Wildschwein kam und schüttelte verwundert seinen mächtigen Kopf. Die Rehe bekamen große runde Rehaugen. Die Vögel piepsten aufgeregt, als sie den kleinen Hasen sahen. Der dicke grüne Frosch verschluckte sich fast beim Quaken. Und die Regenwürmer verkrochen sich gleich wieder in der weichen Walderde. Die Fische sprangen vor Erstaunen fast einen Meter hoch aus dem Wasser. Jeder hatte Mitleid. Mitleid mit Mutter Hase und dem kleinen Hasenkind.

Eines Tages, es war noch früh am Morgen, kam die alte weise Eule zu Besuch. Auch sie sah sich das Hasenkind an. Dann fragte sie: „Mutter Hase, brauchst du Hilfe? Soll ich dir einen Rat geben?"

„Nein", antwortete Mutter Hase. „Du meinst, ich brauche Hilfe, nur weil eines meiner Kinder viel zu große Ohren hat? Und weil seine vier Beine zu lang geraten sind? Nein danke, wir brauchen keine Hilfe. Mein Hasenkind ist genauso klug wie seine Geschwister. Vielleicht sogar noch klüger. Und es kann besonders gut hören. Es kann sogar viel schneller laufen, als du fliegen kannst. Mein Hasenkind ist etwas ganz Besonderes."

Die alte weise Eule dachte nach und sagte dann: „Ja, du hast recht. So sehe ich das auch."

Plötzlich wurde das kleine Hasenkind unruhig. Es stellte seine großen Löffel hoch auf und lauschte aufmerksam. Dann rief es: „Achtung! Gefahr! Jäger kommen! Bringt euch in Sicherheit, ich warne die anderen im Wald."

Schnell wie der Wind rannte das Hasenkind auf seinen langen Beinen davon. Man sah nur noch eine Staubwolke. Die Ohren flatterten im Wind. Und ehe die Eule begriffen hatte, was eigentlich los war, kam das Hasenkind schon wieder zurück. Schnell verschwanden alle Hasen in ihrer Höhle unter dem Baum.

Die Eule flog davon. Kein einziger Mucks war mehr im Wald zu hören. Stille herrschte weit und breit.

Leise pirschten die Jäger durch den Wald. Ihre Flinten waren geladen. Doch sie fanden kein einziges Tier. Ohne Beute kehrten sie an diesem Tag wieder heim.

An diesem Abend feierten die Waldbewohner ein großes Fest und ließen das Hasenkind hochleben. Es hatte ihnen das Leben gerettet.

An diesem Tag summte und brummte, zwitscherte und tirilierte, klopfte und jubelte, trällerte und piepste es im ganzen Wald. Und die bunten Blätter der Bäume wiegten sich im Wind.

Zwei linke Hände

April, April, der macht, was er will ... So sagt man ja bekanntlich. Mal Regen und mal Sonnenschein, man muss mit allem rechnen.

Und genauso war es neulich auch gewesen. Am Vortag noch schien die Sonne und am Tag danach gab es einen starken Regen. Luise Lupinski war gerade auf dem Heimweg, als sie vom Regen überrascht wurde. Es regnete heftig und ein starker Wind blies um die Ecken. Luise hatte natürlich ihren Regenschirm vergessen und wurde nun nass bis auf die Haut.

Zwei Tage später bekam Luise eine Erkältung. Sie fühlte sich schlapp, der Kopf tat ihr schrecklich weh und sie war sehr müde. Deshalb bat Luise ihren Mann schon am frühen Morgen um Hilfe.

Noch im Bett liegend fragte sie: „Kannst du schon mal den Kaffee kochen?“

„Ich?“, kam es sehr fragend zur Antwort. „Das geht nicht, dazu braucht man zwei geschickte Hände. Ich aber habe heute zwei linke Hände.“ Herr Lupinski stieg aus dem Bett und wollte das Schlafzimmer verlassen.

„Warte“, sagte Luise mit schwacher Stimme, „dann deck doch wenigstens schon mal den Frühstückstisch.“

Herr Lupinski drehte sich kurz um. „Tut mir schrecklich leid. Das geht auch nicht, ich habe zwei linke Hände.“ Mit diesen Worten ging er aus dem Schlafzimmer und schloss die Tür hinter sich.

Luise stöhnte. Sie fühlte sich richtig krank. Alle Knochen taten ihr weh. Und so blieb sie im Bett liegen.

Eine Stunde verging. Es war inzwischen neun Uhr. Luise bekam Durst und rief so laut, wie es ihre Kopfschmerzen zuließen: „Herbert, bringst du mir bitte ein Glas Wasser?“

„Ich habe zwei linke Hände, sicherlich verschütte ich das Wasser“, kam es zur Antwort.

Luise konnte kaum fassen, was sie da hörte. Sie rief noch einmal: „Heerbeert, Wasser! Ich habe Duuurst!"

Nun konnte Herbert seine Frau ja nicht verdursten lassen. Und so brachte er ihr ein Glas Wasser ans Bett. Widerwillig und mit grimmiger Miene schlurfte er durch die Wohnung. Er war einfach nur zu faul.

Als es zwölf Uhr war, bekam Luise etwas Hunger. „Herbert, machst du mir bitte Rühreier? Ich muss wieder zu Kräften kommen."

„Ich?", kam es wieder sehr fragend. „Das geht nicht, ich habe immer noch zwei linke Hände", sagte Herbert. Luise stöhnte erneut, aber diesmal etwas lauter.

Die Stunden vergingen. Am Nachmittag um sechzehn Uhr fragte Luise: „Herbert, bringst du mir ein paar Kekse?"

„Nein", sagte Herbert, „geht nicht."

Luise gab es auf. Ärgerlich murmelte sie: „Blöder Kerl!" Dann schlief sie ein.

Zwei Stunden später, um achtzehn Uhr, wachte Luise wieder auf. Sie fühlte sich etwas besser und stand auf. Sie lief in die Küche. Herbert saß im Wohnzimmer vor dem Fernseher, die Füße auf dem Wohnzimmertisch.

Luise nahm sich Eier aus dem Kühlschrank, eine Pfanne aus dem Küchenschrank und schickte sich an, Rühreier zu braten. Aus dem Wohnzimmer ertönte Herberts Stimme: „Ich nehme auch Rühreier, von sechs Eiern und bitte mit Speck."

Luise aber überhörte das. Sie *wollte* es nicht hören.

Als Herbert in die Küche geschlurft kam, saß sie bereits vor ihrem Teller und ließ sich ihre Rühreier schmecken. Für Herbert gab es nichts, nicht mal ein kleines Krümelchen. Er schaute Luise fragend an.

Luise sagte: „Ich habe auch zwei linke Hände. Siehst du, Herbert, jetzt weißt du, wie ich mich heute gefühlt habe." Luise aß ungerührt weiter.

Das war für Herbert eine Lehre. Nie wieder wollte er zwei linke Hände haben.

Ein Tag im Strandkorb

Der Himmel leuchtete strahlend blau wie auf einer Postkarte. Man sah kein einziges Wölkchen. Die Luft war schön warm und es duftete nach Sommer.

Irma und Harald waren ans Meer gefahren. Zwei Wochen zur Erholung für die alten Knochen. Es ist ja so wichtig, sich ab und zu mal etwas Gutes zu gönnen. Irma und Harald wohnten in einer kleinen Pension.

Weil es so ein wunderschöner Sommertag war, schlug Irma nach dem Frühstück vor, an den Strand zu gehen. Voller Begeisterung sagte sie: „Wir mieten uns einen Strandkorb und machen es uns darin gemütlich. Im

Strandkorb sind wir vor dem Wind geschützt und können den ganzen Tag faulenzen."

Harald runzelte die Stirn. Auf seiner Stirn hatten sich sechs besorgniserregende Furchen eingegraben. Das bedeutete meistens nichts Gutes. Er sagte: „Eigentlich ist das nichts für mich. Großen Spaß werde ich dabei nicht haben. Aber meinetwegen, weil du es bist."

Eine halbe Stunde später saßen die beiden in einem blauen Strandkorb. Nur ein paar Meter weiter plätscherten die Wellen an den Strand. Irma sagte: „Herrlich, so ist es schön. Übrigens – unser Strandkorb hat die Nummer 107. Das musst du dir gut merken, falls du mal zum Toilettenhaus musst. 107!"

„Als wenn ich den Korb nicht wiederfinden würde", maulte Harald beleidigt.

Sie machten es sich bequem. Am Himmel flogen kreischend die Möwen. Lachmöwen und Silbermöwen, sie alle waren auf Futtersuche. Der weiße Sand war schön warm und Irma grub ihre Füße tief hinein. Genussvoll schloss sie die Augen.

In diesem schönen Moment meinte Harald: „Ich habe Durst, Irma. Gib mir doch bitte etwas zu trinken."

Irma kramte in ihrer vollen Strandtasche herum und holte eine Flasche Wasser hervor. Harald schlürfte das Wasser. Rülps!

Zehn Minuten später meinte Harald: „Ich glaube, ich

habe ein bisschen Hunger. Hast du vielleicht etwas zum Knabbern dabei?"

Irma seufzte und kramte erneut in ihrer Strandtasche. Zum Vorschein kam eine Packung mit Keksen. Knack, krach, knack, knacks … geräuschvoll aß Harald die Kekse. Dabei krümelte er den ganzen Strandkorb voll. Irma stöhnte. Nun piekste es überall.

„Jetzt habe ich wieder Durst", meinte Harald.

Irma seufzte und holte wieder die Wasserflasche hervor. Gluck, gluck, gluck, die Flasche war schnell leer. Die Sonne stand nun hoch am Himmel.

„Ich brauche Schatten auf dem Kopf", jammerte Harald. „Hast du meine Sonnenkappe eingesteckt?"

„Aber sicher", antwortete Irma knapp und kramte wieder in ihrer Strandtasche. Wortlos reichte sie Harald die Kappe.

Kaum hatte er die Kappe aufgesetzt, fragte Harald: „Hast du auch die Sonnenschutzcreme dabei? Irma, kannst du mir mal …"

Weiter kam er nicht. Denn Irma war wütend aufgestanden. Sie schaute Harald ärgerlich an. „Kannst du nicht mal fünf Minuten still sein?" Dann lief sie fort. Die Strandtasche hatte sie unter den Arm geklemmt.

Harald rief ihr nach: „107, die Nummer von unserem Korb ist 107. Damit du den Korb wiederfindest."

„Den will ich gar nicht wiederfinden", rief Irma. „Ich

nehme mir einen eigenen Strandkorb. Ich habe keine Lust, dich alle fünf Minuten zu bedienen. Ich möchte mich auch erholen." Und weg war sie.

Harald sah seine Frau erst am Abend wieder. Kleinlaut sagte er: „Bitte entschuldige, Irma, es tut mir schrecklich leid. Ich werde mich nie wieder so schlecht benehmen. Gehen wir morgen wieder zum Strand und mieten wir uns wieder einen Strandkorb?"

„Mal sehen", sagte Irma und lächelte versöhnlich. Dann gab sie ihrem Mann einen Kuss. Schließlich muss man auch vergeben können.

Der eingebildete Kranke

Im Winter, wenn es so richtig knackig kalt ist, bekommen wir sehr schnell kalte Füße. Und im Handumdrehen läuft die Nase. Manchmal gesellt sich auch noch ein Husten dazu. Das ist die Zeit, in der sich die Apotheker die Hände reiben. Hochbetrieb herrscht in den Apotheken, denn jeder will so schnell wie möglich seine Erkältung wieder loswerden.

Im Fernsehen kommt dann viel Werbung für Schnupfensprays und Hustensaft, für Kopfschmerztabletten und Vitaminpräparate. Dazwischen gibt es Werbung für Rheumamittel, Salben gegen Rückenschmerzen oder auch gegen Durchfall. Für jeden ist etwas dabei.

Heinrich Großmeister schaute sich jeden Tag diese Werbesendungen an. Eigentlich fühlte er sich ganz gesund. Aber nach der Werbung für die Schmerzsalbe verspürte auch er ein Ziehen und Stechen im Rücken. Er stöhnte und wimmerte, er jammerte und hielt sich den Rücken.

„Thilde“, rief er seiner Frau zu, „lauf schnell in die Apotheke und hol mir diese Salbe. Ich hab’s im Rücken! Die Schmerzen sind nicht zum Aushalten!“

Thilde lief und kaufte die Salbe, die ein Vermögen kostete. Nach ein paar Stunden ging es Heinrich besser. Aber nur bis zur nächsten Werbung für Kopfschmerztabletten. Schon hatte auch er Kopfschmerzen. Und da gab es eine Tablette, die gegen alle Arten von Kopfschmerzen war.

Heinrich hielt sich mit beiden Händen den Kopf fest und jammerte. „Oje, oje, mein armer Kopf. Er schmerzt von vorne bis hinten. Ich kann kaum noch den Kopf auf meinem Hals tragen. Thilde, lauf schnell und hol mir diese Tabletten aus der Apotheke.“ Er jammerte wie ein junger Seehund.

Thilde lief und kaufte die Tabletten. Auch die waren sündhaft teuer. Nach zwei Stunden ging es Heinrich besser.

So ging es Tag für Tag. Eines Abends lief die Werbung für eine Tablette gegen Durchfall. Heinrich lief in der Nacht fünfzig Mal zur Toilette, weil er angeblich auch Durchfall hatte. Nur leider hatte die Apotheke geschlossen.

Thilde war sehr besorgt um ihren Mann. So konnte es nicht weitergehen.

„Du bildest dir die Krankheiten nur ein!", sagte sie zu ihm. „Du bist ein eingebildeter Kranker. In Wirklichkeit bist du kerngesund. Du verpasst all die schönen Dinge im Leben. Du bist ein richtiger Hornochse!" Aber Heinrich wollte nicht auf sie hören.

Thilde war verzweifelt. Was sollte sie tun?

Am nächsten Tag ging Thilde in die Kirche. Sie setzte sich auf eine Bank und betete: „Lieber Gott, bitte hilf uns. So kann es doch nicht weitergehen. Ich halte das nicht mehr aus. Unser ganzes Geld geht für Tabletten und Salben drauf. Dabei braucht mein Mann das gar nicht, er ist doch gesund. Lieber Gott, bitte hilf meinem Heinrich!" Dann ging sie heim.

Zu Hause wollte Heinrich gerade den Fernseher einschalten. Da machte es „Pätsch". Der Bildschirm blieb schwarz, der Ton blieb weg, das Gerät war kaputt.

Auch das noch! Keine Werbung! Heinrich hatte keinen Grund mehr, krank zu sein. Keine Salben und keine Tabletten. Und was das Schönste war: Der Reparaturdienst hatte keine Zeit.

Drei Tage vergingen, in denen Heinrich keine schlimmen Krankheiten bekommen konnte. Drei Tage, in denen kein Geld für Tabletten ausgegeben wurde. Drei Tage, in denen sich Heinrich und Thilde wieder normal unterhalten konnten. Drei Tage, in denen Heinrich mal wieder etwas anderes tat, als fernzusehen.

Und siehe da, es gefiel Heinrich. Er bekam wieder Spaß am Leben und freute sich über seine Gesundheit. Er jammerte und wimmerte nicht mehr und nahm sich vor: Nie wieder wollte er ein eingebildeter Kranker sein.

Thilde bedankte sich beim lieben Gott für die schnelle Hilfe. Und sie betete weiter: „Danke, lieber Gott, dass wir beide gesund sind. Und, bitte, lass uns noch lange gesund bleiben."

Für die Mutter alles Gute

Am zweiten Sonntag im Mai ist Muttertag. Seit 1923 ist das so. Und seither bemühen sich alle Kinder dieser Welt, der Mutter an diesem besonderen Tag eine Freude zu machen. Vielleicht mit einem schönen Blumenstrauß oder einem netten Gedicht zu Ehren der Mutter, die das ganze Jahr eine Menge Arbeit hat.

Deshalb dachten sich auch drei Geschwister einmal etwas ganz Besonderes aus. Ein jedes Kind hatte etwas

Hübsches für die Mutter gebastelt. Und als ganz besondere Überraschung wollten sie sich verkleiden. Alles war gut vorbereitet.

Am Muttertag schien die Sonne. Es war ein herrlicher Tag. Die Vögel zwitscherten und einige Zitronenfalter waren unterwegs. Der Duft der Gartenblumen zog durch das geöffnete Küchenfenster herein. Nach dem gemeinsamen Frühstück sagten die Kinder: „Wir müssen mal ganz schnell weggehen."

Mutter und Vater sahen sich erstaunt an. Sie blieben am Tisch sitzen und warteten. Was da jetzt wohl kommen würde? Plötzlich klopfte es dreimal an die Tür. Poch, poch, poch!

„Herein", rief die Mutter.

Da trat ein kleines, gebücktes Zwerglein ein. Es hatte eine grüne Zipfelmütze auf dem Kopf und einen langen grauen Bart. Das Zwerglein schaute die Mutter an und sagte: „Gott zum Gruße, ich bin das Zwerglein Fiffikus. Ich wünsche dir ein langes Leben. Als Geschenk sägte ich dir ein Schlüsselbrett." Das Zwerglein legte das Schlüsselbrett vor die Mutter. Dann verschwand es wieder.

Nur einen kurzen Moment später klopfte es erneut. Poch, poch, poch!

„Herein", rief die Mutter.

Da trat eine Fee herein. Sie hatte eine weiße Schleife im Haar und trug ein langes weißes Hemd. Es reichte bis zu den Füßen. Ein Schleier verbarg ihr Gesicht. „Gott zum Gruße“, sagte die Fee zur Mutter, „ich bin die gute Fee Sternenzauber. Ich wünsche dir Glück in deinem Leben. Als Geschenk häkelte ich dir ein paar Topflappen.“ Die Fee legte die Topflappen auf Mutters Schoß und verschwand wieder.

Nur einen kleinen Augenblick später klopfte es wieder. Poch, poch, poch!

Und wieder rief die Mutter: „Herein.“

Da trat ein Wichtelmännchen ein. Es war noch sehr klein und ging sehr gebückt. Das Wichtelmännchen trug einen Korb voller Flieder. Der duftete stark und herrlich. Das Wichtelmännchen musste niesen. Es sagte zur Mutter: „Ich bin das Wichtelmännchen Wachsnocheinbisschen. Ich wünsche dir Gesundheit.“ Dann musste es noch einmal niesen und verschwand wieder.

Die Mutter schaute ihre Geschenke an und klatschte vor Freude in die Hände. Plötzlich wurde die Tür aufgerissen und die drei Geschwister stürmten herein.

„Mutter, Vater, war jemand hier?“, riefen sie.

„Ja“, sagte die Mutter. „Schade, ihr habt etwas verpasst.“

Da krabbelte das jüngste Kind auf ihren Schoß und flüsterte der Mutter ins Ohr: „Wir waren das, Mama, und ich war das Wichtelmännchen.“

„Aha“, sagte die Mutter schmunzelnd.

Der Lutscher

Als ich noch ein kleines Mädchen war, liebte ich Lutscher. Am liebsten die mit Karamellgeschmack. Oh, wie gerne mochte ich diese Lutscher lutschen. So ein Karamelllutscher kostete nur einen Groschen. Man konnte ihn an der Ecke im Tante-Emma-Laden kaufen. Es gab dort auch noch große bunte Lutscher. Mit Himbeer- oder Kirschgeschmack. Aber die waren etwas teurer.

Mein Taschengeld reichte nur für einen Karamelllutscher. Und den leckte ich ganz langsam, damit ich recht lange etwas davon hatte. Doch einmal passierte mir ein Missgeschick mit dem Lutscher.

Es war ein Dienstag, das weiß ich noch ganz genau. Ich war mit meinem Lutscher auf dem Heimweg. Genüsslich leckend schlenderte ich über eine Wiese. Es war Sommer, die Gänseblümchen, Butterblumen und der Klee blühten. Viele emsige Bienen flogen summend von Blüte zu Blüte. Ich schaute ihnen zu.

Da stolperte ich plötzlich und dabei fiel mir der Lutscher aus der Hand. Er fiel direkt in einen Brennnesselstrauch. Es war der einzige Brennnesselstrauch weit und breit – ausgerechnet! Da lag nun mein Lutscher drin. O nein, und ich hatte doch erst sechsmal daran geleckt! Ich wollte ihn unbedingt zurückhaben. Aber wie, ohne von den Brennnesseln verbrannt zu werden?

Ich suchte mir einen Stock. Vorsichtig bog ich damit die Brennnesseln auseinander. Dann griff ich mutig nach dem Lutscher. Autsch! Die Brennnesseln hatten mich gepikst. Das tat ganz schön weh. Aber ich hatte ihn. Ich hatte meinen Lutscher wieder. Schnell leckte ich ihn sauber. Ich fragte mich: Ob auch ein Lutscher etwas merkt, wenn er von Brennnesseln gepikst wird?

Dann lief ich nach Hause. Den Lutscher würde ich später zu Ende lecken. So hatte ich ganz lange etwas davon. Denn bis zum nächsten Taschengeld dauerte es noch eine Woche.

Ein Spaziergang im Park

Es war April. Endlich hatte es mal aufgehört zu regnen. Sogar die Sonne kam ab und zu zwischen den Wolken hervor. Nun ja, es war eben April und der macht bekanntlich, was er will.

Gut gelaunt sagte Mathilde zu ihrem Mann: „Lass uns einen kleinen Spaziergang machen. Wir gehen einmal durch den Park, die frische Luft wird uns guttun."

Wolfgang maulte: „Ach, muss das sein? Und was ist, wenn es wieder regnet?"

Seine Frau schüttelte den Kopf. „Es wird nicht regnen, die Sonne scheint gerade. Komm schon, zieh dich an! Keine Widerrede!“

Dreißig Minuten später marschierten Mathilde und Wolfgang durch das Tor zum Park. Noch immer schien die Sonne. Es waren nur wenige Leute unterwegs. Anscheinend trauten viele dem launischen Aprilwetter nicht.

„Wir gehen bis zum Seerosenteich“, meinte Mathilde. Und schon lief sie voraus. Am Seerosenteich stand eine Bank. Mathilde setzte sich. Auf dem Teich schwammen munter schnatternd einige Enten. Plötzlich kam heftiger Wind auf. Dicke graue Wolken türmten sich am Himmel. Es wurde richtig dunkel. Das sah gar nicht gut aus.

Wolfgang meinte: „Lass uns schnell zurückgehen. Gleich wird es heftig regnen. Ich möchte nicht nass werden.“

„Unsinn! Es regnet nicht“, sagte Mathilde zuversichtlich. Doch da fielen schon die ersten Tropfen. Dicke Tropfen platschten auf den Seerosenteich. Platsch, plitsch, platsch.

Mathilde rief: „Keine Sorge, es hört gleich wieder auf.“ Aber es hörte nicht auf. Im Gegenteil, es wurde immer dunkler und windiger. Und der Regen wurde sogar noch stärker. Es schüttete wie aus Kübeln.

Nun sah auch Mathilde ein, dass es keinen Zweck hatte, auf die Sonne zu warten. Wolfgang und Mathilde sprangen auf. Wolfgang sagte: „Lass uns den Weg dort rechts nehmen, dann sind wir schneller zu Hause.“

„Blödsinn. Wir müssen den linken Weg gehen", meinte Mathilde und zeigte mit dem Arm in die andere Richtung.

„Nein, das ist der falsche Weg", widersprach Wolfgang.

„Nein, links ist richtig", schimpfte Mathilde.

Der Regen wurde immer stärker. Mathilde und Wolfgang wurden nass, aber sie konnten sich nicht einigen, welchen Weg sie gehen sollten.

Endlich gab Wolfgang nach und folgte Mathilde in den linken Weg.

Als sie das Parktor erreichten, waren sie schon ordentlich nass. Und weil der linke Weg nicht der kürzere war, waren sie vollständig durchnässt, als sie zu Hause ankamen. Das Regenwasser floss ihnen aus den Haaren, aus den Ärmeln und aus den Schuhen.

Trotzdem freute sich Wolfgang königlich. Denn er hatte recht gehabt. Wären sie den rechten Weg gegangen, wären sie schneller zu Hause gewesen.

Aber eines war beiden ganz klar: Streiten bringt gar nichts!

Es gibt auch Sprichwörter zum Thema Streiten. Wer kennt sie?

Wenn zwei sich streiten, freut sich der ... (Dritte).
Über Geschmack lässt sich ... (streiten).
Der Klügere gibt ... (nach).

Hass und Neid gibt oftmals … (Streit).
Mit Zank und Streit kommt man nicht … (weit).
Zwei Hunde an einem Knochen, zwei Hähne auf dem Mist bleiben selten ohne … (Zwist).

Immer geradeaus

Herr Neumann wollte eine besonders schöne Wanderung machen. Bis in ein anderes Dorf wollte er wandern. Dort gab es einen gemütlichen Gasthof, in dem er dann einkehren wollte. Darauf freute sich Herr Neumann schon sehr.

Also machte er sich auf den Weg. Seine Wanderschuhe waren sehr bequem und der Hut schützte ihn vor den heißen Sonnenstrahlen. Fröhlich pfeifend ging er los.

Doch nach einer Weile war Herr Neumann sich nicht mehr sicher, ob er sich noch auf dem richtigen Weg befand. Hatte er sich verlaufen? Zum Glück war da ein Bauer, den er nach dem Weg fragen konnte. Sicher ist sicher!

Der Bauer sagte: „Sie müssen immer geradeaus gehen, dann kommen Sie ans Ziel. Immer nur geradeaus."

„Danke", sagte Herr Neumann und lief fröhlich weiter. Das ist ja einfach, immer geradeaus, dachte er.

Doch gibt es kaum einen Weg, der immer nur schnurgerade verläuft. Hier und da macht der Weg mal eine Biegung oder eine Kurve. Und an einer solchen Wegbiegung kam auch Herr Neumann an. Nun wusste er nicht mehr, wie er weitergehen sollte. Wenn er nun der Biegung folgen würde, wäre das ja nicht mehr geradeaus ... Aber der Bauer hatte gesagt, er solle immer geradeaus gehen.

Geradeaus gab es einen Kartoffelacker. Herr Neumann wollte alles richtig machen. Also lief er in den Kartoffelacker hinein. Kurze Zeit später waren seine schönen braunen Wanderschuhe ganz mit Erde verschmutzt.

Dann kam er an einen Bach. Er lief weiter immer geradeaus, mitten durch den Bach. Nun waren die bequemen Wanderschuhe und auch die Hosenbeine nass. Die Schuhe quietschten, als Herr Neumann weiter geradeaus lief.

Er marschierte über eine Weide, auf der Kühe standen. Muhend schauten ihn die Kühe an. Da bekam Herr Neumann Angst. Er stolperte und fiel. Direkt in einen Kuhfladen. Nun war auch die Hose schmutzig. Außerdem roch er schr unangenehm.

Wie durch ein Wunder war er plötzlich wieder auf dem richtigen Weg. Das gemütliche Gasthaus stand rechts am Wegrand. Herr Neumann hatte großen Hunger, aber er war ja so schmutzig! Darum traute er sich nicht in das Gasthaus hinein. Also kehrte er wieder um.

Und dann kam es, wie es kommen musste. Die erste Wegbiegung lag vor ihm. Sollte er nun wieder immer geradeaus gehen? Nein, Herr Neumann wusste es nun besser. Er beschloss, auf dem Weg zu bleiben.

Ja, es lohnt sich, immer auf dem rechten Weg zu bleiben, denn dann kommt man wenigstens sauber ans Ziel.

Spuren im Sand

Nacherzählt in einfacher Sprache

Heute Nacht hatte ich einen Traum.
Mein ganzes Leben zog an mir vorbei.
Ich sah fröhliche und schwere Zeiten.
Ich sah traurige und glückliche Jahre.
Ich träumte von hellen und düsteren Tagen.
Doch immer vertraute ich Gott.
Jeden Tag betete ich zu ihm.
Jeden Abend sprach ich ein Dankgebet.
Gott war immer bei mir.
In meinem Traum heute Nacht ging ich am Meer entlang.
Ich lief durch den Sand, unter dem dunklen Nachthimmel.

Ich wusste: Gott war an meiner Seite.
Denn wenn ich mich umdrehte, sah ich zwei Spuren im Sand:
Gottes Fußspur und meine Fußspur.
Eine sehr lange Spur.
Aber plötzlich erschrak ich.
Ich merkte, dass an manchen Stellen nur eine Fußspur zu sehen war.
Und das waren gerade die schweren Tage in meinem Leben.
Wie konnte das passieren?
Ich fragte: Lieber Gott, warum hast du mich alleingelassen, als ich dich so sehr brauchte?
Da antwortete Gott: „Mein liebes Kind, ich lasse dich niemals allein.
Ich bin immer bei dir, weil ich dich liebe.
Auch in schweren Zeiten.
Wo du nur eine Spur gesehen hast, da habe ich dich getragen."

Originalfassung
Eines Nachts hatte ich einen Traum:
Ich ging am Meer entlang mit meinem Herrn.
Vor dem dunklen Nachthimmel erstrahlten,
Streiflichtern gleich, Bilder aus meinem Leben.
Und jedes Mal sah ich zwei Fußspuren im Sand,
meine eigene und die meines Herrn.

Als das letzte Bild an meinen Augen vorübergezogen
war, blickte ich zurück.
Ich erschrak, als ich entdeckte,
dass an vielen Stellen meines Lebensweges
nur eine Spur zu sehen war.
Und das waren gerade die schwersten Zeiten
meines Lebens.
Besorgt fragte ich den Herrn:
„Herr, als ich anfing, dir nachzufolgen,
da hast du mir versprochen,
auf allen Wegen bei mir zu sein.
Aber jetzt entdecke ich, dass in den schwersten Zeiten
meines Lebens nur eine Spur im Sand zu sehen ist.
Warum hast du mich alleingelassen,
als ich dich am meisten brauchte?“
Da antwortete er:
„Mein liebes Kind, ich liebe dich
und werde dich nie alleinlassen,
erst recht nicht in Nöten und Schwierigkeiten.
Dort, wo du nur eine Spur gesehen hast,
da habe ich dich getragen.“

(Margaret Fishback Powers)

Walter und das Echo

Walter machte Urlaub in den Alpen. Er wollte sich erholen, aber vor allem wollte er richtige Bergwanderungen machen. Mit einem Rucksack, bequemen Schuhen, einer wetterfesten Windjacke und einem Wanderstock war er dafür gut ausgerüstet.

Als Erstes wollte Walter auf den Ochsenberg wandern. Der war schon ziemlich hoch. In den Rucksack packte er eine Flasche Wasser, vier Käsebrote, ein Stück Fleischwurst und eine Packung Schokoladenkekse. Man kann ja nie wissen …

Das Wetter war schön, die Sonne schien, aber es war nicht zu warm. Ideales Wetter für eine Bergtour. Gut gelaunt wanderte Walter den Berg hinauf. Unterwegs sah er ein Reh, das auf einer Lichtung Blätter knabberte. Er beobachtete einen Falken, der am Himmel kreiste, und zwei Hasen, die Fangen spielten.

Nach gut zwei Stunden erreichte Walter das Gipfelkreuz. Von dort oben hatte man einen wunderbaren Blick ins Tal hinunter. Er staunte: Die Häuser dort unten sahen winzig klein aus. In der Ferne glitzerte ein See im Sonnenlicht. Walter freute sich über diesen schönen Anblick. Er freute sich so sehr, dass er tief Luft holte und laut rief: „Schööön!“

Da tönte es zurück: „Schöön, ön, ön …“

Walter erschrak. War da noch jemand? Um Gewissheit zu bekommen, rief er noch einmal laut: „Hier ist Walter."

Da schallte es zurück: „Alter, Alter …"

Unverschämtheit! So alt bin ich nun auch wieder nicht, dachte er ärgerlich.

„Ich heiße Walter Knesel", rief er erneut.

„Esel, Esel …", kam es zurück.

Jetzt reichte es aber. So ein frecher Kerl!

Erbost rief Walter: „Komm aus deinem Versteck."

„Eck, Eck …"

Jetzt war Walter so richtig wütend.

„Hier ist keine Ecke. Komm raus, sei ein Mann, damit ich dir eine boxe."

„Ochse, ochse …"

Da kam plötzlich ein anderer Wanderer zum Gipfelkreuz. Walter sagte zu ihm: „Vorsicht, hier ist ein frecher Kerl. Und ein Feigling ist er auch. Er hält mich zum Narren und versteckt sich."

Da lachte der andere Wanderer und meinte: „Da ist niemand. Das ist das Echo. Passen Sie mal gut auf und hören Sie genau zu." Dann formte der Mann mit den Händen einen Trichter vor seinem Mund und rief: „Wie heißt der Bürgermeister von Wesel?"

„Esel, Esel …" schallte das Echo zurück.

Dann rief er nochmals: „Peter."

„Später, später …", antwortete das Echo.

Jetzt hatte Walter verstanden. Er musste über sich selber lachen und meinte: „Das Echo hat recht, ich bin ein Esel.“

Das Abschiedskonzert

Vor vielen Jahren lebte ein Bauer. Auf seinem Hof gab es viele große und kleine Tiere: Hühner, Gänse, Kühe, Ziegen, ein Pferd und ein Schwein.

Der Bauer war ein großer, starker Mann, der viel essen konnte. Seine Leibspeisen waren Würste, Koteletts und Sülze. Zum Mittag aß er besonders gerne Grützwurst mit Sauerkraut.

Eines Tages kam der Bauer in den Stall und betrachtete sein Schwein mit Wohlgefallen. Denn er sah, dass es fett geworden war. Dabei lief ihm das Wasser im Mund zusammen.

„Am nächsten Freitag werde ich es schlachten“, sagte er zu seiner Frau. „Das gibt ein Fest! Wir werden reichlich Speck und Würste bekommen.“ Er lief hinaus in den Stall und wetzte schon mal das Messer recht scharf.

Das Schwein sah das und wurde sehr traurig. Es wollte nicht gegessen werden.

Am Abend, als die Sonne gerade untergehen wollte,

lag das Schwein ganz trübselig in seinem Stall. Es jammerte und klagte. Die anderen Tiere hörten das und eilten zum Schwein.

Das Pferd fragte: „Warum bist du so traurig, kleines Schwein?"

„Oh, ich soll verwurstet werden. Koteletts will der Bauer aus mir machen, Grützwurst und meinen Speck will er essen. Sülze soll aus mir werden und Eisbein ... Aber ich bin noch viel zu jung zum Sterben. Ich will noch leben!", jammerte das Schwein.

Als die anderen Tiere das hörten, zogen sie sich zur Beratung zurück. Hühner, Gänse, Kühe, Ziegen und das Pferd dachten sich etwas Besonderes aus. Fünfzehn Minuten später wusste jedes Tier, was es zu tun hatte. Noch eine Stunde später kehrten sie gemeinsam zum traurigen Schwein zurück.

Das Pferd sagte: „Wir haben ein Abschiedskonzert für dich eingeübt, damit dir der Abschied von uns nicht so schwerfällt." Dann hob es seinen rechten Huf und stampfte den Takt auf dem Boden. Eins, zwei, drei ... Dazu wieherte es und gab somit den Ton an.

Die Hühner fielen gackernd ein. Die Gänse schnatterten mal im hohen, mal im tiefen Ton. Die Kühe muhten den Bass dazu. Die Ziegen meckerten ein Lied. Der ganze Stall war mit Musik erfüllt. „Gack, gack, meck, meck, wiehwieh ..." Es schallte über den ganzen Bauernhof. „Muh, muh, schnatt, schnatt ..."

Verwundert kam der Bauer angelaufen. Er staunte nicht schlecht, als er sah, dass seine Tiere musizierten. So etwas hatte er noch nie gesehen. Und nun tanzten die Tiere auch noch! Sie flatterten im Kreis, sie stampften und hüpften, sie drehten sich und sprangen umher.

Der Bauer war gerührt. Er merkte, dass dieses Konzert nur für das Schwein gedacht war. Ein Abschiedskonzert der Tiere. Da bekam der Bauer Mitleid mit seinem Schwein.

Er sagte: „Das Schwein wird nicht geschlachtet. Es soll am Leben bleiben. Ich gehe morgen in den Supermarkt und kaufe mir dort meine Würste und den Speck."

Da sang das Schwein vor Freude mit: „Grunz, grunz, oink, oink, grunz, grunz!"

Die Tiere und der Bauer tanzten und sangen vor Freude die ganze Nacht hindurch.

Die Badenixe

Der lange kalte Winter war vorbei. Nun wurde es endlich Frühling. Überall blühte es bunt und duftete es süß. Die Menschen gingen hinaus auf die Straßen und genossen die ersten warmen Sonnenstrahlen. Alle waren in Frühlingsstimmung. Endlich konnte der dicke Wintermantel im Schrank bleiben.

Nur bei Frau Bäuerlein wollte sich keine Frühlingsstimmung einstellen. Sie war unzufrieden und nicht gerade in bester Laune. Bekümmert blickte sie in den Spiegel. O Schreck, was sie da sah, gefiel ihr überhaupt nicht. Sie hatte ein großes, dickes Problem. Welches Problem? Winterspeck hieß das Problem. Der saß nämlich auf Frau Bäuerleins Hüften und am Bauch und auf den Oberschenkeln ... Ganz schön viel Winterspeck war da zusammengekommen!

In wenigen Wochen machten die Schwimmbäder wieder auf – da brauchte man natürlich einen gut sitzenden Badeanzug. Frau Bäuerlein tummelte sich gerne im Wasser. Sie konnte sehr gut schwimmen und sogar tauchen. Sie war eine richtige Badenixe. Doch würde der alte Badeanzug bei all dem Winterspeck noch passen? Frau Bäuerlein sah schwarz. Da half nur anprobieren.

Frau Bäuerlein versuchte ihr Glück. Sie quetschte sich in ihren dunkelblauen Badeanzug. Sie zerrte und zog an dem Teil. Vergeblich! Überall quoll der Winterspeck wieder heraus. Der üppige Busen wollte auch nicht in den Körbchen bleiben.

„Hilfe! Gottlieb, ich brauche einen neuen Badeanzug“, rief sie und eilte zu ihrem Mann.

„Warum? Der ist doch noch schön“, meinte Gottlieb. Er sah gar nicht richtig hin.

„Ja, schön ist er wohl, aber viel zu eng. Ich bin zu dick für diesen Badeanzug“, sagte Frau Bäuerlein.

„Dann nimm doch ein paar Kilos ab. So sparen wir das Geld für einen neuen Badeanzug“, schlug ihr Mann vor.

So ein Geizkragen, dachte Frau Bäuerlein und begann eine Diät. Doch schon nach fünf Tagen gab sie es auf. Ständig knurrte ihr der Magen. Und sie hatte immer schlechte Laune. Heimlich lief sie los, um sich einen neuen Badeanzug zu kaufen.

Frau Bäuerlein suchte sich einen ganz modernen bunt gemusterten Badeanzug aus. Der stand ihr toll und versteckte alle Pölsterchen. Gottlieb würde es sowieso nicht bemerken, da er nie mit ins Schwimmbad ging. Er saß lieber vor dem Fernseher.

„Soll er doch einrosten, ich tue jedenfalls etwas für meine Gesundheit“, sagte sich Frau Bäuerlein. Jetzt freute sie sich mächtig auf die Badesaison. Und ab sofort war auch Frau Bäuerlein in bester Frühlingsstimmung.

Wo ist der Schlüssel?

Es war ein wunderschöner Spätsommertag. Dieser herrliche Tag war genau richtig, um einen Stadtbummel zu machen. Deshalb hatte sich Frau Steinfeld mit einer Freundin verabredet. Denn zu zweit macht das Bummeln doppelt Spaß.

Die beiden wollten zusammen Schaufenster angucken und nach Schnäppchen Ausschau halten. Hinterher wollten sie natürlich auch noch in die Eisdiele gehen. Sie waren für fünfzehn Uhr verabredet.

Frau Steinfeld hatte sich ordentlich in Schale geworfen und eine schicke Handtasche bereitgelegt. Da brauchte nur noch der Schlüssel hinein, wenn sie die Haustür abgeschlossen hatte. Frau Steinfeld sah auf die Armbanduhr. Ui, sie war spät dran. Eigentlich war sie ja startklar, aber die Blase drückte noch ein wenig. Sicher ist sicher, dachte sie, ich gehe schnell noch zur Toilette.

Den Haustürschlüssel noch in der Hand, lief sie eilig ins Bad. Dort legte sie den Schlüssel auf den Badewannenrand. Schnell erledigte sie ihr Geschäftchen, wusch sich die Hände und eilte wieder zur Haustür. Sie hängte sich ihre schicke Handtasche um und griff nach dem Schlüssel. Doch sie griff ins Leere. Wo sonst der Schlüssel lag, da lag jetzt nichts.

„Verflixt!“, rief sie. „Wo ist denn der Schlüssel?“ Sie schaute um, sah aber keinen Schlüssel.

„Ach, was bin ich für ein Schussel“, meinte sie und lief ins Wohnzimmer. Dort war auch kein Schlüssel. Dann eilte sie in die Küche. Dort lag auch kein Schlüssel.

„O nein“, jammerte sie, „ich werde noch zu spät kommen. Wo ist dieser verflixte Schlüssel? Wo habe ich ihn zuletzt gehabt und hingelegt?“

Wer weiß, wo der Schlüssel liegt?

Wo ist der Bleistift?

Es war an einem Mittwoch. Um genau zu sein, an einem Mittwochmorgen. Klara wollte putzen. Sie putzte mittwochs immer das Wohnzimmer. Und das ziemlich gründlich. Doch wie so oft: Bernhard, Klaras Mann, saß im Weg. Er lümmelte sich im Fernsehsessel herum und krümelte mit den Butterkeksen. Zu seinen Füßen lagen die Fernsehzeitschrift und eine Autozeitung.

Klara platzte der Kragen.

„Kannst du dir nicht endlich ein anständiges Hobby suchen? Ständig hockst du hier im Sessel und tust nichts. Immer bist du mir im Weg!“, schimpfte Klara.

Bernhard blickte hoch und meinte: „Immer mit der Ruhe. Gut Ding will Weile haben."

„Weile hat es nun genug, Bernhard. Aus dem Weg!", rief Klara.

„Aber Klärchen, jetzt schimpf doch nicht so. Ich habe mir doch schon was überlegt."

„Und? Was ist dabei herausgekommen?", fragte Klara. Jetzt wurde sie neugierig.

„Ich werde ab heute Gedichte schreiben", sagte Bernhard. Seine Augen strahlten. „Weißt du, wo ein Bleistift ist?"

Klara gab ihrem Mann einen Bleistift. Bernhard klemmte sich den Bleistift hinter das rechte Ohr.

„Und wo finde ich Papier?", fragte er weiter.

„In der rechten Küchenschublade. Gedichte, na wenigstens etwas", brummte Klara. Dann fing sie an, Staub zu putzen. Hausarbeit war schließlich kein Zuckerschlecken.

Bernhard setzte sich an den runden Tisch im Esszimmer. Das Papier lag vor ihm. Der Bleistift klemmte immer noch hinter dem rechten Ohr.

Klara räumte das Wohnzimmer auf, saugte mit dem Staubsauger alle Krümel auf und stellte frische Blumen auf den Wohnzimmertisch. Dann sah sie nach Bernhard.

„Na, hast du schon ein Gedicht geschrieben?", fragte sie interessiert. Nein, Bernhard saß immer noch vor einem leeren Blatt Papier.

Er seufzte: „Ich weiß nicht, wo ich den Bleistift hingelegt habe."

Da musste Klara lachen. Laut und herzlich.

„Warum lachst du? Was ist so lustig daran?", wollte Bernhard wissen.

„Weil ich deinen Bleistift sehen kann", antwortete Klara.

Wer weiß, wo der Bleistift zu finden ist?

Der Riese

Es lebte einmal ein Mann, der war etwas zu groß geraten. Zwei Meter hoch war er von Gestalt. Er passte durch keinen Türrahmen, ohne seinen Kopf einzuziehen. Er konnte sich in keinem normalen Bett richtig ausstrecken. Immer stieß er irgendwo dagegen.

Alle Leute nannten ihn „den Riesen". Und alle Leute gafften ihn an, gerade so, als sei er ein Weltwunder. Zu allem Überfluss hieß der Mann auch noch Großmann, Richard Großmann.

Einst hatte er sich ein Haus nach Maß bauen lassen. In seinem Schlafzimmer stand ein extra langes Bett. Auch die Türen sowie die Tische und die Stühle waren höher. Hier in seinem Haus konnte sich Herr Großmann gut bewegen. Er fühlte sich wohl und passte überall durch, ohne sich den Kopf anzustoßen.

Eines schönen Sommertages bekam Herr Großmann eine Einladung. Seine Schwester wollte eine Geburtstagsparty geben. Also fuhr Herr Großmann zu seiner Schwester. Schon beim Eintreten stieß er sich sehr heftig den Kopf am Türrahmen. Sofort wuchs ihm eine Beule auf der Stirn. Seine langen Beine passten nicht unter den Esstisch. Und wenn er stand, mussten alle zu ihm hochschauen. Stellte er sich hinter die Wohnzimmerlampe, die von der Decke hing, sah man sein Gesicht nicht mehr.

Darum wurde die Geburtstagsparty kurzerhand in den Garten verlegt. Hier gab es mehr Platz. Herr Großmann konnte sich nicht stoßen und es hing keine Lampe im Weg. Herr Großmann war sehr froh darüber.

Plötzlich kam ein Rabe angeflogen. „Krah, krah“, krächzte er und landete auf dem Kopf von Herrn Großmann. Ja, Herr Großmann war fast so groß und hoch wie ein Baum. Der Rabe glaubte wohl, Herr Großmann wäre ein Baum. Eifrig zupfte der Rabe mit seinem spitzen großen Schnabel im Haar herum. Gerade so, als wollte er sich ein Nest bauen.

Nun musste Herr Großmann lachen. Das war ihm ja noch nie passiert! Er fand die Sache mit dem Raben sehr lustig. Darum bat er seine Schwester um ein Blatt

Papier. Diese Geschichte wollte er aufschreiben und später anderen großen Menschen vorlesen. Denn groß zu sein, also fast ein Riese zu sein, das kann auch sehr lustig sein.

So ist das Landleben

Familie Goldmann lebte auf dem Land. Sie besaßen ein kleines Häuschen mitten in der schönen Natur. Es war Sommer und im Garten blühten viele bunte Blumen. Es duftete süß nach Lavendel, Rosen und Jasmin. Im Gemüsebeet gab es frischen Salat und viele leckere Kräuter. Die Goldmanns liebten den Geruch von frischem Rosmarin, von Thymian, Basilikum und Pfefferminze.

Herr und Frau Goldmann aßen gerne Salat, angemacht mit frischen Kräutern. Erst gestern gab es eine Schüssel voll Salat. Allerdings hatte Herr Goldmann plötzlich eine kleine grüne Raupe auf der Gabel. Er rümpfte ein wenig die Nase. Doch seine Frau meinte: „So ist das Landleben. Da kann so etwas schon mal passieren. So eine kleine Raupe im Salat, das ist nichts Schlimmes.“

Es war an einem Sonntagnachmittag, als die Sonne golden vom Himmel schien. Die Goldmanns hatten beschlossen, im Garten Kaffee zu trinken. Der runde Gartentisch war gedeckt und in der Mitte stand ein frisch gebackener Erdbeerkuchen. Frau Goldmann hatte ihn mit Sahne verziert. Die ersten Wespen kreisten schon um den Kuchen. In der Ferne krähte ein Hahn und die Vögel zwitscherten in den Bäumen. Beim Nachbarn schnatterten die Gänse.

Frau Goldmann sagte zu ihrem Mann: „Lass uns geschwind zusammen in die Küche gehen. Ich nehme den Kaffee und du die Abdeckhaube für den Kuchen. Wir wollen ja nicht, dass die Wespen darauf landen."

Herr Goldmann schnappte sich die Abdeckhaube und eilte zurück in den Garten. Und dann passierte Folgendes: Zuerst hörte Frau Goldmann einen lauten Schrei. Dann ein schlimmes Schimpfwort. Als Nächstes rief Herr Goldmann: „Hilfe, komm schnell her! Eijeijei! Hier ist eine schmatzende Gesellschaft, die über unseren Kuchen hergefallen ist. Die haben so ihre eigenen Manieren, ganz anders als wir. Sie tragen Kleider aus Federn und sind bunt verziert. Sie sind frech und ungeniert. Sie stehen und sitzen auf Tisch und Bank, sie schreien gewaltig mit lautem Zank. Sie picken und hacken und können das Naschen nicht lassen. Sie steigen auf den Kuchen und in unsere Tassen. Oje, oje!"

Frau Goldmann war herbeigeeilt. Auch sie sah die Bescherung.

„Na, das ist ja eine feine Gesellschaft. Herr Hahn

und Frau Huhn, Familie Spatz und Frau Gans mit ihren Kindern. Husch, husch, fort mit euch!“

Da flog die ganze Gesellschaft mit Saus und Braus davon.

Frau Goldmann musste lachen. Dann meinte sie zu ihrem Mann: „Ja, so ist das Landleben. Es sorgt immer für Überraschungen.“

Ein Hut, ein Stock, ein Regenschirm

Es war ein Samstagmorgen gegen sieben Uhr. Die ersten Sonnenstrahlen fielen durch das Schlafzimmerfenster und weckten Eleonore. Sofort war sie munter wie ein junger Vogel im Sommerwind.

„Raus aus den Federn!“, rief sie fröhlich. „Der Arzt hat mir Bewegung verordnet.“ Neben ihr stöhnte ihr Mann Ludwig laut auf.

„Kommst du mit?“, fragte Eleonore.

„Wohin“, fragte Ludwig, noch ganz verschlafen.

„Zum Frühsport in den Garten. Steh auf, du Faulpelz, es geht gleich los“, sagte Eleonore voller Begeisterung.

„Es ist mitten in der Nacht! Ich will noch schlafen!“,

jammerte ihr Mann. Doch es half ihm nichts. Eleonore zog ihm die Bettdecke weg. „Du weißt doch: Wer rastet, der rostet!"

Ludwig stand widerwillig auf.

Wenig später standen sie draußen im Garten auf der Wiese. „Stell dich neben mich und mach mir alles nach", sagte Eleonore fröhlich. Ludwig stellte sich neben seine Frau – und es ging los.

„Eins, zwei drei, vier, fünf, sechs, sieben, acht, neun, zehn. Ein Hut, ein Stock, ein Regenschirm. Vorwärts, rückwärts, seitwärts, ran. Hacke, Spitze, hoch das Bein", erklang Eleonores Stimme singend durch den Garten. Es klang lustig und die Bewegungen machten Spaß. Eleonore fing wieder von vorne an und gemeinsam stapften sie durch den Garten und warfen ihre Beine in die Höhe.

Das lockte den Nachbarn Schulze an.

„Eins, zwei, drei, vier … zehn. Ein Hut, ein Stock, ein Regenschirm …"

„Darf ich mitmachen", fragte Nachbar Schulze. Natürlich durfte er mitmachen. Wenig später kamen weitere Nachbarn dazu. Und schließlich waren sie zehn bewegungsfreudige Menschen, die großen Spaß hatten.

„Und jetzt das Ganze rückwärts!", rief Eleonore. Sie marschierten, sie hüpften, sie schwangen ihre Beine und Arme. Alle hatten gute Laune. Eleonore meinte: „Unsere Ärzte werden nichts mehr zu meckern haben."

Sie alle beschlossen, sich von nun an jeden Morgen in Eleonores Garten zu treffen, um Frühsport zu treiben.

„Wir werden fit bleiben“, sagte Eleonore. „Wir werden nicht rasten, denn wir wollen nicht rosten.“

Ein Winterquartier für die Schildkröten

Wer mit einem Haustier zusammenlebt, hat niemals Langeweile. Ein Haustier will immer gut versorgt sein. Es braucht Aufmerksamkeit und regelmäßig sein frisches Wasser und Futter. Einen gemütlichen Schlafplatz oder einen sauberen Stall. Einen großen Käfig oder ein Aquarium.

Klaus und Lilo hatten gleich drei Haustiere. Drei Schildkröten. Schöne Landschildkröten mit einem dicken Panzer auf dem Rücken. Schildkröten tragen ja bekanntlich ihr Haus immer mit sich herum. Die drei hatten auch Namen: Cleo, Lisa und Berta.

Im Sommer lebten die Schildkröten draußen im Garten in einem großen Außengehege. So konnten sie sich sonnen und nach Herzenslust umherlaufen. Täglich bekamen sie gutes Futter.

Doch auch der schönste Sommer geht einmal zu

Ende. Ehe man sich versieht, steht der Winter vor der Tür. Und im Winter brauchen die Schildkröten ein Winterquartier im Haus. Eine schöne Kiste mit Blumenerde zum Einbuddeln.

Bereits im Herbst sagte Lilo ständig zu ihrem Mann: „Klaus, du musst Erde kaufen für die Schildkröten."

Doch Klaus schob es immer wieder hinaus auf den nächsten Tag, auf die nächste Woche, auf den nächsten Monat ... Und dann war es plötzlich Winter. Jetzt musste Klaus sich sputen. Doch wo waren die Schildkröten?

Klaus kroch auf allen vieren im Außengehege herum und suchte die Schildkröten. Aha, Cleo, Lisa und Berta hatten sich geschickt eingebuddelt. Sie wollten im Winter nicht erfrieren und waren deshalb in die Erde gekrochen. Ja, und nun war guter Rat teuer. Wo waren sie?

Klaus blieb nichts anderes übrig, als sie auszubuddeln. Also musste er sich als Bagger betätigen. Mit seinen bloßen Händen grub er nun nach den drei Schildkröten. Es war schon ein sehr kalter Tag, doch Klaus schwitzte. Der Wind pfiff ihm eisig um die Ohren, doch Klaus robbte über die Wiese.

Nach einer Stunde fand er die erste Schildkröte. Es war Lisa. Und als die zweite Stunde um war, fand er auch Cleo und Berta. Alle drei waren wohlauf und kamen nun in ihr Winterquartier im Keller. Gott sei Dank, das war noch mal gut gegangen.

Klaus hatte noch Tage später Muskelkater vom Graben. Seine Frau meinte: „Im nächsten Jahr besorgst du die Erde gleich, wenn ich es sage. Du kennst doch das Sprichwort: Was du heute kannst besorgen, das verschiebe nicht auf morgen."

Klaus versprach es.

Der Häkelbikini

Der Frühling war ins Land gezogen. Die Sonne schien warm und die ersten Knospen öffneten sich. Die Menschen freuten sich und zogen leichte, bunte Kleidung an. Die dicken Wintersachen konnten endlich im Schrank bleiben.

Waltraud hatte sich Wolle besorgt. Rote, gelbe und blaue Wolle. Ein Häkelbikini war der neueste Modeschrei. Den wollte sie auch haben. Also saß Waltraud auf dem Sofa und häkelte sich einen Bikini.

Das war gar nicht so einfach. Sie arbeitete streng nach der Anleitung, die sie aus einer Zeitschrift hatte. Immer wieder musste sie anprobieren, anhalten und auch schon mal aufribbeln. Der Bikini musste gut sitzen, sonst sah es nicht gut aus.

Nach ein paar Tagen war der Bikini fertig. Er passte

sogar sehr gut. Waltraud betrachtete sich im Spiegel und war begeistert. Nun musste es nur noch Sommer werden.

Endlich war es so weit. Der Sommer zeigte sich von der schönsten Seite. Die Sonne schien warm – perfektes Badewetter!

Waltraud verabredete sich mit ihrer Freundin. Gemeinsam fuhren sie mit dem Fahrrad zum Badesee. Den neuen Bikini hatte Waltraud bereits angezogen. Am See breiteten sie die Decke aus und Waltraud legte sich mit der Freundin zum Sonnen darauf. Ihre Freundin bewunderte den neuen Häkelbikini. Waltraud war mächtig stolz.

Es war heiß und am See gab es wenig Schatten. Waltraud schwitzte.

Die Freundin sagte: „Lass uns ins Wasser gehen." Das war verlockend. Doch würde das Wasser dem Bikini schaden?

Alle Menschen plantschten, schwammen und hatten Spaß im Wasser. Da beschloss Waltraud, sich auch eine Abkühlung zu gönnen. Die Freundin sprang übermütig in den See. Waltraud folgte vorsichtig. Das Wasser war herrlich erfrischend, kühl und belebend. Waltraud schwamm los. Das tat gut bei der Hitze.

Aber schon bald merkte Waltraud, dass der Bikini immer schwerer wurde. Er hatte sich voll Wasser gesaugt. Und er saß auch nicht mehr da, wo er hingehörte.

O Schreck! Was sollte sie tun? Sie musste raus aus dem Wasser, ehe er ganz seine Form verlor.

Waltraud schwamm zurück ans Ufer und wollte aus dem Wasser steigen. Aber nein, das ging nicht! Der Bikini war völlig verrutscht. Das Höschen hing viel zu tief und das Oberteil bedeckte nichts mehr.

„Bring mir ein Handtuch", rief Waltraud ihrer Freundin zu. Sie tauchte solange unter. Wieder auf der Decke, versuchte sie den Häkelbikini zu richten, um ihn dann in der Sonne trocknen zu lassen. Er trocknete auch, aber er bekam seine eigentliche Form nicht mehr zurück.

Waltraud war enttäuscht. So viel Arbeit ... umsonst! Offenbar war so ein Häkelbikini nur etwas zum Sonnen. Das hätte ja ruhig mal einer vorher sagen können.

Ein gemütlicher Fernsehabend

Es war Samstagabend. Zeit für einen gemütlichen Fernsehabend. Ingrid und Dieter waren dabei, alle Vorbereitungen dafür zu treffen. Schließlich kam heute Dalli Dalli mit Hans Rosenthal. Erdnussflips und Käsehäppchen standen bereit. Dieter holte sich noch eine Flasche Bier und Ingrid ein Glas Rotwein.

Dalli Dalli war immer herrlich. So unterhaltsam,

vor allem wenn Hans Rosenthal in die Höhe sprang. Er rief dann immer: „Sie sind der Meinung, das war … spitze!“

Ingrid und Dieter zogen noch ihre Frotteebademäntel über die Schlafanzüge und machten es sich auf dem Sofa bequem. Nach den Nachrichten ging es los. Hans Rosenthal kam auf die Bühne – Applaus! Dann mussten die Kandidaten Fragen beantworten, Spiele machen und dabei Punkte sammeln. Das war lustig. Man konnte auch prima mitraten.

Fragen wie: Wer besitzt die größte Briefmarkensammlung der Welt? Die Antwort lautete: Das englische Königshaus, also die Königin Elisabeth.

Oder: Nennen Sie nach Landschaften die Bezeichnung für die dort lebenden Landsleute. Die Antworten kamen wie aus der Pistole geschossen: Hessen, Westfalen, Ostfriesen …

Oder: Sie müssen für ein Produkt werben, was für Wörter fallen Ihnen ein? Die Antworten: ausgezeichnet, wundervoll, hervorragend, günstig … Und immer wenn viele Punkte zusammenkamen, sprang Hans Rosenthal in die Höhe und rief: „Das war spitze!“

Plötzlich sprang Dieter auf und schob den Wohnzimmertisch an die Seite.

Ingrid fragte verdutzt: „Was machst du da?“

„Ich will auch mit in die Höhe springen“, sagte Dieter. Ingrid schüttelte mit dem Kopf. Und dann war es so weit. Hans Rosenthal rief: „Sie sind der Meinung, das war … spitze!“

Hans Rosenthal sprang begeistert hoch und Dieter auch. Mit viel Schwung schoss Dieter in seinem Bademantel in die Höhe in Richtung Wohnzimmerdecke. Und dann machte es … *boing!*

Das war die Wohnzimmerlampe, die unter der Decke hing. An die hatte Dieter nicht gedacht. Mit voller Wucht stieß er dagegen. Die Lampe wackelte und Dieter hielt sich den Kopf fest. Das würde eine dicke Beule geben.

„Autsch“, sagte er und setzte sich kleinlaut wieder auf das Sofa. Er wollte nicht mehr springen, nur noch zusehen.

Ingrid holte ein paar Eiswürfel aus dem Gefrierfach, legte sie in einen Beutel und dann auf Dieters Kopf. „Das kommt davon, wenn man zu übermütig wird“, sagte sie.

Gemeinsam schauten sie die Sendung bis zum Schluss. Sie legten die Füße hoch und aßen dabei Käsehäppchen und Erdnussflips.

Frage: An welche Fernsehsendung von früher können Sie sich noch erinnern?

Pausenbrot und Gummitwist

Wenn die Pausenglocke schrillte, so laut wie ein riesiger Wecker, stürmten wir alle aus dem Klassenzimmer. Wir rannten die Treppen hinab, einen langen Flur entlang und dann hinaus auf den Schulhof. In den Händen hatten wir ein Pausenbrot und ein Gummiband.

Waltraud war meine beste Freundin. Als Erstes tauschten wir unser Butterbrot. Mein Brot war meistens mit Butter, Leberwurst oder Salami belegt. Waltraud aber hatte Margarine und Zucker auf ihrem Pausenbrot. Sie kam aus einer kinderreichen Familie, da gab es nicht so oft Wurst.

Ich liebte diese Zuckerbrote und sie meine Wurstbrote. Zu Hause bekam ich so etwas nie. Na ja, heute weiß ich dann wohl, woher die Löcher in meinen Zähnen kamen. Waltraud dagegen hatte gesunde Zähne.

Wenn die Pausenbrote verschlungen waren, kam das Gummiband zum Einsatz. Gummitwist war angesagt, das war gerade groß in Mode und die Lieblingsbeschäftigung unter uns Mädchen. Gummitwist in der großen Pause war der Höhepunkt des ganzen Schulvormittags.

Die Mädchen versammelten sich in kleinen Gruppen. Jeweils zwei standen sich gegenüber und stiegen in ein zusammengeknotetes Gummiband. Dann wurde es gespannt, indem man weiter auseinanderging.

Die niedrigste Stufe war zuerst dran, Das Gummiband war um die Fußknöchel gespannt. Dann konnte das erste Mädchen springen. Nun war es wichtig, die festen Regeln zu beachten. Es gab ganz genaue Figuren, die man hüpfen sollte. Man musste genau auf das Gummiband springen. Das Gummi musste immer getroffen werden.

Dann wanderte das Gummiband etwas höher und wurde um die Waden gespannt. Schließlich wurde es bis zu den Oberschenkeln hochgezogen. Das war dann besonders schwer. Man musste schon gut und hoch springen können, um auf dem Gummi zu landen. Ich patzte schon meistens bei der ersten Stufe. Dann musste man warten, bis man wieder an der Reihe war.

Endlich war ich wieder dran. Ich begann zu springen. Die erste Stufe klappte. Prima, ich freute mich. Als ich gerade die zweite Stufe versuchte, läutete die Glocke: Die große Pause war zu Ende! Ich war aber noch nicht fertig mit dem Springen. Also überredete ich meine Schulfreundinnen, mich weiter springen zu lassen. Dabei vergaßen wir die Zeit. Ich war schon bei der dritten Stufe angelangt. Diesmal klappte alles wunderbar.

Auf einmal merkten wir, dass außer uns niemand mehr auf dem Schulhof war. Alle anderen Schüler waren schon in ihren Klassen. O weh! Wir rannten los und stürmten in unser Klassenzimmer.

„Wo kommt ihr her?“, fragte der Lehrer streng. „Der

Unterricht hat vor zehn Minuten wieder begonnen!“ Kleinlaut erzählten wir, warum wir zu spät waren.

„Sechzig Minuten nachsitzen!“, sagte der Lehrer.

Das hatten wir nun davon! Die Jungen grinsten und zogen Grimassen. Nach Schulschluss mussten wir dann einhundert Mal schreiben: „Ich darf nicht zu spät zum Unterricht erscheinen.“

Und tatsächlich – ich kam nie wieder zu spät in die Klasse. In meinem ganzen weiteren Leben war ich immer pünktlich. Überpünktlich.

Ein Ausflug in die Sommerfrische

„Käthe, ist noch etwas von dem leckeren Kartoffelsalat da? Und sind auch noch Frikadellen übrig?“, rief Gerd aus dem Badezimmer.

„Ja“, antwortete Käthe, „von allem ist noch genug da.“

„Dann mach den Henkelmann mit Kartoffelsalat voll. Und pack auch die Frikadellen ein. Wir machen einen Ausflug“, rief Gerd.

„Einen Ausflug?“, fragte Käthe zurück. „Wo willst du denn hin?“

Gerd kam in die Küche und meinte: „Das Wetter ist heute so wunderbar. Lass uns hinaus in die Sommerfrische wandern und ein Picknick machen."

„Du hast recht", sagte Käthe, „es ist das reinste Kaiserwetter." Gerd lachte.

Käthe packte alles zusammen. Sie dachte auch an Kekse, eine Thermoskanne mit Kaffee, Pappteller und Kaffeetassen. Gerd steckte alles in die Rucksäcke. Dazu kamen noch eine Decke zum Sitzen – und ein kleines Kofferradio. Gerd liebte das Kofferradio, denn damit konnte man überall schöne Musik hören. Egal, wo man war, mit einer Batterie lief es sogar auf dem Klo.

Gerd und Käthe lebten am Rande der Stadt. Und so waren sie schnell draußen in der freien Natur. Nach einer Stunde Wandern erreichten sie einen Fluss. Am Ufer suchten sie sich ein schönes Plätzchen auf der Wiese und Gerd breitete die Decke aus. Es war ruhig und beschaulich.

Käthe stellte die Pappteller und die Tassen auf die Decke. Gerd suchte einen Sender in seinem Kofferradio, der schöne Schlager spielte. Plötzlich verdüsterte sich über ihnen der Himmel und ein lautes Gekreische war zu hören.

Möwen! Sie waren wie aus dem Nichts gekommen. Längst hatten sie die Frikadellen und den Kartoffelsalat gesichtet. Und nun wollten sie sich ihren Anteil holen. Kreischend flogen sie dicht über Käthes und Gerds Köpfen. Und dann machte es auf einmal: Plitsch, platsch! Platsch, plitsch! Klatsch! Klecks!

„O nein!“, schrie Käthe. „Mitten auf die Pappteller haben sie gemacht! Und auch in die Kaffeetassen!“

Die Möwen hatten etwas fallen lassen, sogar auf dem Kofferradio gab es Kleckse. Gerd sprang auf und verscheuchte die Möwen mit viel Gebrüll und Radau. Dann schnappte er sich die Tassen und ging zum Flussufer, um sie sauber zu waschen.

Er beugte sich vor – und dann kam es, wie es kommen musste: Gerd rutschte aus. Mit den Füßen voran rutschte er auf dem Po in den Fluss hinein. Da saß er dann im Schlamm und das Wasser reichte ihm bis an die Brust.

Käthe musste lachen und rief: „Wo sind die Tassen?“

„Weg“, lautete seine Antwort, „da hinten schwimmen sie!“ Auf allen vieren kam Gerd wieder ans Ufer geklettert. In seiner Hosentasche zappelte ein Fischchen.

Käthe bog sich nun vor Lachen. Dann sagte sie: „Nun hast du zu deinem Ausflug in die Sommerfrische noch eine schöne nasse Sommererfrischung. Komm und leg dich in die Sonne, dann wirst du rasch wieder trocknen.“ Und so war es dann auch.

Die Gäste im Fliederbusch

In einem Garten stand ein Fliederbusch. Und jedes Jahr im Frühling bekam der Fliederbusch wunderschöne lilafarbene Blüten. Die dufteten dann herrlich süß. Und wenn die warmen Sonnenstrahlen auf den Fliederbusch schienen, erwachte das Leben in ihm.

Der Fliederbusch hatte viele Gäste. Ganz oben in der Spitze wohnte Frau Spinne. Sie war in der Nacht sehr fleißig gewesen und hatte sich ein großes neues Netz gesponnen. Fröhlich wünschte sie allen einen guten Morgen.

Ein wenig tiefer meldete sich eine verschlafene Stimme: „Bitte nicht so laut, meine Frau schläft noch." Es war Herr Schlemmer, ein Schneckenmann.

In der Mitte des schönen Fliederbusches wohnte Frau Pfauenauge. Ein wunderschöner Schmetterling. Sie war gerade bei der Morgengymnastik. Eins, zwei, drei ... und ihre bunten Flügel schlugen aneinander.

Ein Stückchen darunter hatte sich das Ehepaar Heuschrecke niedergelassen. Sie waren zwei lustige Gäste. Ständig sprangen und hüpften sie summend umher.

Daneben wohnte die Familie Marienkäfer. Herr und Frau Marienkäfer waren ständig auf der Suche nach frischen Läusen. Das war ihre Lieblingsspeise. Und so hielten sie den schönen Fliederbusch läusefrei.

Unter dem Fliederbusch hatte sich ein Frosch eingerichtet. Er war nicht besonders schön, aber sehr freundlich. Und er fing Fliegen – allerdings sehr zum Leidwesen von Frau Spinne. Denn auch sie liebte Fliegen zum Frühstück.

An jedem Morgen summten die Käfer ein Lied. Frau Spinne wippte dabei im Takt in ihrem Netz. Die Heuschrecken klatschten vor Vergnügen. Der Frosch schlug mit den Hinterbeinen auf die Erde, gerade so, als schlüge er auf eine Trommel. Alle waren glücklich und zufrieden.

Doch eines Morgens wurde die Idylle gestört. Frau Maus, eine Nachbarin, kam aufgeregt angerannt. „Gefahr droht euch!“, rief sie völlig aus der Puste. „Der Mann will morgen die schönsten und größten Fliederblüten abschneiden. Er braucht einen großen Geburtstagsstrauß.“

„Oje, oje“, stöhnten alle. Frau Spinne fürchtete um ihr Netz. Frau Pfauenauge hatte Angst, dass ihr Schlafzimmer zerstört würde. Und Herr Schlemmer, der Schneckenmann, befürchtete, dass die leckersten Blätter abgeschnitten würden.

Da rief der Frosch: „Ich habe eine Idee.“ Und dann steckten sie ihre Köpfe zusammen.

Alle lauschten, alle tuschelten, alle klatschten, alle fanden die Idee gut.

Am nächsten Morgen kam der Mann. Er hatte eine scharfe Schere dabei. Die Gäste des Fliederbusches saßen bereit. Der Frosch gab ein Zeichen und auf sein Kommando hin fingen alle an zu singen: „Im Frühtau zu Berge wir ziehn, fallera …" Die Käfer summten, Frau Pfauenauge sang mit heller lieblicher Stimme und die Heuschrecken klatschten dazu. Der Schneckenmann brummte den Bass. Frau Spinne zupfte auf ihrem Netz – das klang wie eine Harfe. Frau Maus, die Nachbarin, spielte auf einem Strohhalm die Flöte. Es klang einfach wunderbar, wie das kleine Orchester im Fliederbusch musizierte. Es war ein richtiges Konzert.

Verdutzt blieb der Mann stehen und lauschte. Er traute seinen Ohren kaum. Wie konnte ein Fliederbusch so schöne Musik machen? Dann sang auch er mit: „Im Frühtau zu Berge …"

An jenem Morgen schnitt er keine Blüten vom Fliederbusch ab. Und auch in Zukunft nicht. Denn er wollte noch recht oft das Orchester im Fliederbusch spielen hören.

Wer singt mit?

Alle Vögel sind schon da,
alle Vögel, alle!
Welch ein Singen, Musiziern,
Pfeifen, Zwitschern, Tiriliern!
Frühling will nun einmarschiern,
kommt mit Sang und Schalle.

Wie sie alle lustig sind,
flink und froh sich regen!
Amsel, Drossel, Fink und Star
und die ganze Vogelschar
wünschen dir ein frohes Jahr,
lauter Heil und Segen.

Was sie uns verkünden nun,
nehmen wir zu Herzen:
Wir auch wollen lustig sein,
lustig wie die Vögelein,
hier und dort, Feld aus, Feld ein,
singen, springen, scherzen.

Volkslied, Hoffmann von Fallersleben

Tee-Ei und Tropfenfänger

Es war an einem Sonntagnachmittag. Die Müllermanns erwarteten Besuch. Der Tisch war festlich gedeckt mit schönem Geschirr und einem Blumenstrauß. Im Kühlschrank stand eine Schwarzwälder Kirschtorte. Die hatte Frau Müllermann selbst gebacken. Dazu sollte es einen leckeren Tee geben.

Auf dem Küchentisch stand die Teekanne bereit. Jetzt

fehlte noch das Tee-Ei. Frau Müllermann kramte in den Küchenschubladen. Wo war nur das Tee-Ei?

„Was suchst du denn?", fragte Herr Müllermann.

„Ich kann dieses verflixte Tee-Ei nicht finden. Ich weiß schon gar nicht mehr, wo ich noch suchen soll", schimpfte Frau Müllermann.

„Immer mit der Ruhe und der Reihe nach. Wann hast du das Tee-Ei zum letzten Mal benutzt?", meinte Herr Müllermann.

„Gestern."

„Dann kann es ja nicht weit sein", sagte Herr Müllermann.

„Hilf mal beim Suchen und sitz da nicht rum!", sagte Frau Müllermann. Langsam wurde sie nervös.

„Nimm doch einen Teebeutel", schlug Herr Müllermann vor.

„Auf keinen Fall. Richtiger Tee wird mit einem Tee-Ei aufgegossen. Jetzt such endlich mit. Es liegt immer in dieser Schublade."

„Ach das Ei ... Herr Müllermann fing an zu stottern. „Mmh, ja, also ... ich, äh, das habe ich gebraucht. Ich habe etwas Farbe damit durchgesiebt", stammelte Herr Müllermann.

„Was hast du? Das darf doch nicht wahr sein! Nun müssen wir Kaffee trinken. Dann hol mir bitte den Tropfenfänger aus der rechten Schublade. Ich hole die Kaffeekanne", sagte Frau Müllermann.

„Welchen Tropfenfänger? Was soll das sein?“, fragte Herr Müllermann.

„Na, das ist das Schwämmchen, das unter die Tülle der Kaffeekanne kommt. Es fängt die Tropfen auf, damit sie nicht auf der Tischdecke landen“, belehrte ihn Frau Müllermann.

„Ah, ja, äh, ich ... also das habe ich auch gebraucht.“

„Wozu?“, fragte Frau Müllermann streng.

„Damit die Farbe nicht getropft hat“, meinte Herr Müllermann. Nun wurde ihm mulmig. Er merkte, dass er etwas falsch gemacht hatte – oder zumindest hätte fragen müssen.

An diesem Nachmittag gab es Kaffee. Und damit die Tropfen nicht auf der Tischdecke landeten, kam unter die Kaffeekanne ein Untersetzer. Außerdem passte der Kaffee hervorragend zur Schwarzwälder Kirschtorte. Eigentlich war alles bestens. Das fanden auch die Gäste.

Eis am Stiel

Wie so oft in letzter Zeit, rutschte Herr Zuckermeier am Nachmittag in seinem Lieblingssessel unruhig hin und her. Und wie so oft in den letzten Tagen sagte er dann: „Ich gehe noch mal zum Kiosk.“

Seine Frau war nicht überrascht, denn sie kannte das schon. Es gab da nämlich etwas ganz Neues am Kiosk. Etwas, das Herr Zuckermeier besonders gerne naschte. Genauer gesagt, es gab etwas, das er gern *leckte.* Es gab dort Eis am Stiel. So ein rechteckiger Block Vanilleeis mit zarter Schokoladenglasur. Für zwanzig Pfennig wurde das verkauft.

Schon war Herr Zuckermeier in die Schuhe und in die Jacke geschlüpft. Da rief ihm Frau Zuckermeier hinterher: „Du kannst mir ja mal so ein Eis am Stiel mitbringen."

Herr Zuckermeier war bereits an der Haustür. Hoffentlich hatte er das noch gehört.

Langsam schlenderte er die Straße entlang. Die Stadt hatte sich in den letzten Jahren sehr verändert. Sie war größer geworden. Viele prachtvolle Häuser waren gebaut worden. Neue Geschäfte säumten den Bürgersteig. Eine Straßenbahn fuhr durch die Stadt. An jeder Haltestelle bimmelte die Straßenbahn. Man kam nun leicht von einem Stadtteil in einen anderen. Oder sogar in die nächste Stadt.

Der Kiosk stand am Ende der Straße. Es gab dort allerhand zu kaufen: Zeitungen, Süßigkeiten, Zigaretten, Getränke und sogar heiße Würstchen. Seit Kurzem gab es Eis am Stiel im Sortiment. Es lag in einer Eistruhe, die gut gekühlt war.

Herr Zuckermeier begrüßte den Kioskbesitzer. Man

wechselte ein paar freundliche Worte, man kannte sich schließlich gut. Dann kaufte sich Herr Zuckermeier das Eis am Stiel.

Nur zehn Meter weiter stand eine Bank. Darauf setzte sich Herr Zuckermeier. Dann löste er das silbrig glänzende Papier, worin das Eis eingewickelt war. Jetzt kam der große Moment. Herr Zuckermeier leckte genüsslich und ließ das Eis und die Schokoglasur auf der Zunge zergehen. Die Schokoglasur war kalt und knackig. Hmmm, war das köstlich!

Viel zu schnell war das kleine viereckige Eis aufgeschleckt. Zum Schluss war nur noch der Holzstiel übrig. Herr Zuckermeier sammelte die Stiele. Sicherlich konnte er sie noch einmal gebrauchen. Zum Wegwerfen waren sie zu schade. Er steckte den Stiel in seine Jackentasche.

Dann kaufte er ein zweites Eis am Stiel. „Für meine Frau", sagte er zu dem Kioskbesitzer. Das zweite Eis kam ebenfalls in die Jackentasche. Dann begab sich Herr Zuckermeier auf den Heimweg.

Er bummelte an den Schaufenstern vorbei. Hier und da sah er sich die Auslagen an. Vor einem Schreibwarengeschäft blieb er etwas länger stehen. Dort gab es moderne Kugelschreiber. Einer gefiel im ganz besonders. Er war silberfarben und sah sehr elegant aus. Und das Besondere war, mit diesem Kugelschreiber konnte man in vier verschiedenen Farben schreiben. So einen wünschte er sich zum Geburtstag.

Als er weiterging tropfte es aus seiner Jackentasche. Er merkte es nicht. Plitsch, platsch, immer auf den Bürgersteig. Erst als Herr Zuckermeier vor seiner Frau stand und in die Jackentasche griff, wurde ihm klar, was passiert war. Das Eis war geschmolzen! O nein! Die ganze Jackentasche war innen nass und klebrig. Hätte er sich doch mehr beeilt auf dem Rückweg!

„Oh“, meinte er nur und schaute hilflos seine Frau an.

Frau Zuckermeier sagte nichts, aber sie war sauer. Stinksauer!

Currywurst und Pommes

Im Stadtviertel gab es seit ein paar Wochen etwas völlig Neues: eine Imbissbude. Die meisten sagten Pommesbude dazu. Wenn Axel und Beate dort vorbeikamen, verführte der köstliche Duft sie jedes Mal, dort einzukehren.

Die Pommes frites brutzelten in einer großen Fritteuse. Daneben schmorten die lecker duftenden Bratwürste. In einem großen Steinguttopf war Mayonnaise. Die gehörte unbedingt auf die Pommes.

Als Axel und Beate wieder einmal an der Pommesbude vorbeigehen wollten, sahen sie schon von Weitem ein großes rotes Schild: „Neu! Currywurst mit Pommes."

„Was ist denn eine Currywurst?", fragte Beate erstaunt.

„Hm, das weiß ich auch nicht. Aber ich möchte es gern ausprobieren", meinte Axel und ging zielstrebig in die Pommesbude hinein. Beate folgte ihm. Wie immer schlug ihnen der leckere Bratwurstduft entgegen.

Axel bestellte sich das neue Gericht, Currywurst mit Pommes. Beate war vorsichtig und nahm nur eine Portion Pommes mit Mayo.

Interessiert schauten nun beide zu, wie die Currywurst zubereitet wurde. Der Verkäufer legte die Bratwurst auf einen Teller und schlitzte sie mit einem Messer der Länge nach auf. Dann streute er eine ziemlich große Menge Currypulver auf die Wurst. Die braune Bratwurst wurde dadurch ganz gelb. Es roch schon mal sehr gut. Zuletzt kam eine rote Soße darüber. Daneben platzierte der Verkäufer noch die Pommes – und fertig!

In der kleinen Pommesbude gab es keine Tische. Da war nur ein langes Brett an der Wand, auf dem Servietten und Senf standen. Axel und Beate stellten sich an das Brett. Beate aß ihre Pommes aus einem Pappschälchen und Axel probierte die Currywurst.

„Mmh, lecker, oh, mmh!", schwärmte Axel und schloss die Augen beim Kauen.

Beate fragte: „Darf ich mal kosten?“

„Mmh … ja.“

„Schneide mir bitte ein Stück ab“, sagte Beate. Sie war schon sehr gespannt. Mit ihrem Holzspießchen pickte sie sich das Stück Wurst auf, rührte damit noch einmal in der roten Soße und schob es dann in den Mund.

„Mensch Axel, das ist ja lecker! Schneide mir doch noch ein Stück ab.“

So ging es die ganze Zeit. Nach und nach aß Beate die Currywurst fast alleine auf. Axel kam gar nicht mehr zum Essen. „Du hast ja meine ganze Currywurst aufgefuttert“, meinte er bedauernd.

Doch Beate grinste nur. Sie meinte: „Liebe geht eben durch den Magen. Und ich bin richtig froh, dass du mich so doll liebst. Denn sonst hättest du mir bestimmt nicht so viel abgegeben.“

„Ach ja, soso“, meinte Axel und seine Brust schwoll vor lauter Stolz an. Aber eines wussten die beiden: Am nächsten Tag wollten sie wiederkommen. Und dann würden sie *beide* Currywurst mit Pommes essen. Und eines war so klar wie Kloßbrühe: Die Currywurst sollte noch berühmt werden.

Mutter, wo ist die Butter?

Martin Hasenjäger backte für sein Leben gern. Backen war sein Hobby. Ob Plätzchen, Napfkuchen, Blechkuchen oder Torte – Martin backte jede Kuchenleckerei. Und er konnte richtig gut backen. Gut und sooo lecker!

Zu Martins Freude hatte sich für Samstagnachmittag Besuch angekündigt. Er konnte wieder backen. Und zwar wollte er diesmal einen Butterkuchen auf dem Blech anbieten.

Doch als Martin in den Kühlschrank schaute, merkte er: O weh, es war nicht mehr genug Butter im Haus. Dabei ist Butter bei einem Butterkuchen das Wichtigste. Schließlich muss ein Butterkuchen nach Butter schmecken. Also bat Martin seine Frau, in den Laden zu gehen und Butter zu kaufen.

Frau Hasenjäger eilte sofort los. Der Supermarkt war nicht weit entfernt. Zehn Minuten später betrat sie schon das Geschäft.

Aus dem Lautsprecher erklang eine Durchsage: „Heute haben wir im Angebot: Eierravioli für nur 99 Cent die Dose. Außerdem Tiefkühl-Blattspinat für nur 98 Cent."

Oh, das ist ja günstig, fand Frau Hasenjäger. Sie eilte zur Tiefkühltruhe und der Spinat wanderte in ihren Einkaufskorb.

Schon hörte sie eine neue Durchsage: „An unserer

heißen Theke gibt es heute ein ganzes Hähnchen für 4 Euro. Pikant gewürzt und frisch gegrillt."

„Oh, toll", murmelte Frau Hasenjäger, „dann brauche ich heute Mittag nicht zu kochen." Sie eilte zur Fleischtheke.

Mit dem Hähnchen im Einkaufskorb ging Frau Hasenjäger weiter durch den Laden. Was brauchte sie noch? Richtig, die Butter! Die lag sicher in der Kühltheke. Doch auf dem Weg dorthin gab es rechts und links von ihr so viele verlockende Angebote. Alles war angeblich super preiswert und garantiert frisch.

So wanderten noch Knäckebrot, Duschgel und die Eierravioli in den Korb. Zufrieden über ihre vielen Schnäppchen eilte sie wenig später nach Hause. Stolz legte sie ihren Einkauf auf den Küchentisch.

Martin schaute sich die Sachen an. Suchend blickte er umher. Dann schüttelte er den Kopf und meinte: „Mutter, wo ist die Butter? Ich sehe keine."

„Oh", kam es zur Antwort. „Tut mir leid! Die habe ich vor lauter tollen Angeboten vergessen."

„Dann musst du jetzt wohl noch einmal laufen. Denn was man nicht im Kopf hat, muss man in den Beinen haben", meinte Herr Hasenjäger.

„Mach ich sofort", sagte Frau Hasenjäger. „Du weißt doch: Jeder Gang macht schlank."

Mit siebzehn hat man noch Träume

Kathrin hatte die Hände tief im Muff vergraben. Es war kalt und der Himmel sah nach Schnee aus. Sie lief zu einem Geschäft am Ende der Straße und drückte sich an der Schaufensterscheibe die Nase platt. Das Geschäft hatte vor Kurzem neu aufgemacht.

Es war ein Schallplattengeschäft. Wie gerne hätte sie einige von diesen Schallplatten besessen! Natürlich brauchte sie dafür auch einen Schallplattenapparat. Dann könnte sie jederzeit ihre Lieblingsmusik hören. Zum Beispiel etwas von den Beatles, von Gitte, Rex Gildo oder von Roy Black.

Eine Woche später war Kathrins siebzehnter Geburtstag. Als sie an diesem Morgen in die Küche kam, stand eine Tropfkerze auf dem Küchentisch. Die Kerze brannte und spendete ein bisschen Licht

Kathrin wurde ganz aufgeregt, als sie sah, was da sonst noch auf dem Küchentisch stand. Es war ein Schallplattenapparat! Daneben lag ein Schallplattenalbum, in dem einige Schallplatten steckten. Kathrin konnte kaum glauben, was sie da sah. Ihr großer Wunsch war in Erfüllung gegangen.

Sogleich legte sie eine Schallplatte auf. „Gehn sie aus vom Stadtpark die Laternen …“

Da kamen ihre Eltern aus dem Nachbarzimmer. Sie gratulierten Kathrin und sangen: „Viel Glück und viel Segen auf all deinen Wegen ..." Die Eltern freuten sich, weil Kathrin sich über ihr Geburtstagsgeschenk so sehr freute.

Am Nachmittag kamen die Freundinnen und Freunde. Kathrin hatte ihr Zimmer für die Geburtstagsparty mit Girlanden geschmückt. Die Tropfkerze, die in einer dickbäuchigen Flasche stand, kam auf den Tisch. Sie hatte schon ein wenig getropft. Kathrin hatte einen Käseigel vorbereitet, gefüllte Eier und eine Erdbeerbowle. Die Freunde würden staunen.

Punkt siebzehn Uhr kamen die Gäste. Auch Kathrins Freund war dabei. Alle bewunderten zunächst den Schallplattenapparat. Keiner von ihnen besaß so ein wertvolles Gerät.

Kathrin legte eine Platte auf. „Mit siebzehn hat man noch Träume ..." Das passte! Denn Kathrin war siebzehn geworden und hatte ganz viele Träume. Alle tanzten. Twist, Letkiss, Foxtrott oder auch mal einfach nur eng aneinandergeschmiegt und ganz langsam.

Die Kerze tropfte unermüdlich, die Bowle war süß und lecker und die Musik machte allen Spaß. Und dann am späten Abend kam das Beste. Kathrin bekam ihren ersten Kuss. Sie schwebte im siebten Himmel!

Später lag sie noch lange wach in ihrem Bett und dachte an den schönen Abend. Es war der allerschönste

Geburtstag und den ersten Kuss würde sie nie vergessen. Und so ist es auch: Den ersten Kuss vergisst man nie.

Kaugummiblasen

Neuerdings kauten alle Jungen und Mädchen Kaugummi. Es gab das süße Gummi als bunte Kugeln zu kaufen. Rote, blaue, gelbe und grüne Kaugummibälle, jeweils für fünf Pfennige. Am Kiosk oder man zog sich eine Kugel im Kaugummiautomaten.

Wenn das Kaugummi gut durchgekaut war, konnte man dicke Blasen damit machen. Das war ein Geschmatze und Geblase. Es sah lustig aus. Besonders dann, wenn die Blasen irgendwann platzten. Plopp, dann hingen die Kaugummifetzten an den Lippen, an der Wange oder am Kinn.

Jutta wollte das zusammen mit ihrer Freundin auch einmal ausprobieren. Jedes Mädchen hatte ein Fünfpfennigstück. Mit ganz viel Glück kamen zwei Kaugummikugeln aus dem Automaten. Meistens jedoch kam immer nur eine.

Es war ein schöner sonniger Nachmittag, als die beiden Mädchen vor dem Kaugummiautomaten standen.

Jutta steckte ihr Geld in den Schlitz, drehte an der Flügelschraube und – *klack* – kam eine Kugel in das Fach gerollt. Kläppchen auf, und schon hatte sie den Kaugummiball in der Hand. Es war ein gelber.

Wenig später stopften sich die Freundinnen das Kaugummi in den Mund. Dann wurde gekaut. Erst knackte die Kugel, dann schmeckte sie herrlich süß. Die gelbe Kugel schmeckte nach Zitrone.

Als das Kaugummi gut durchgekaut war, versuchten die beiden, Blasen zu machen. Das war gar nicht so einfach. Doch irgendwann klappte es bei Jutta schon ganz gut und die Blase wuchs und wuchs. Sie wurde immer dicker und dicker. Doch auf einmal machte es *plopp* und die Blase zerplatzte. Die Kaugummifetzen blieben im ganzen Gesicht hängen. Auf der Nase, bis zum rechten Auge und an den Wangen. Jutta sah ziemlich komisch aus und ihre beste Freundin musste lachen.

Das Zeug klebte in Juttas Gesicht wie eine zweite Haut. Sie bekam es kaum ab. Und zu allem Unglück kam auch noch Wind auf. Jutta hatte lange Haare und die blieben nun auf dem Kaugummi im Gesicht hängen. Das sah noch komischer aus. Die Freundin musste noch mehr lachen.

Jutta lief geschwind heim. Da konnte nur noch die Mama helfen. Die rubbelte und rubbelte so lange, bis das ganze Kaugummi wieder entfernt war. Danach schwor sich Jutta, nie wieder Kaugummiblasen zu machen. Und so war es dann auch.

Denn wie heißt es so schön: Aus Schaden wird man klug.

Krimi mit Mücke

Ein Fernseher im Schlafzimmer – welch ein Luxus! Diesen Luxus konnten sich Sabine und Dieter erlauben. Sie hatten lange dafür gespart. Jetzt stand im Schlafzimmer ein Fernseher auf der Kommode.

Sabine und Dieter freuten sich jeden Abend auf einen gemütlichen Fernsehabend im Bett. Mit allem drum und dran. Mit Erdnüssen, Keksen und Schokolade. Die Krümel nahmen sie gerne in Kauf.

Es gab drei Programme zur Auswahl: das erste, das zweite und das dritte Programm. Die Qual der Wahl war manchmal schwer, doch sie einigten sich immer.

Es war an einem warmen Sommerabend, als Sabine und Dieter wieder ins Bett gekrabbelt kamen. Heute würde es einen spannenden Krimi geben. Alles war bereit. Erdnüsse, Kekse und Schokolade lagen auf ihren Bäuchen.

Der Krimi fing an. Tatort, das waren die besten Krimis. Gleich in den ersten Minuten geschah ein Mord. Ein Mann war erschossen worden. Die Spannung war riesig. Plötzlich surrte es über Sabines Kopf. Sssssss, sssssssr …

„Eine Mücke“, schrie Sabine erschrocken und sprang auf. Die Schokolade rutschte vom Bett und fiel zu Boden. Das Erdnussschälchen kippte um.

„Dieter, bitte, erschlag die Mücke! Mach schnell!“

Da sprang auch Dieter auf. Dabei rutschte die Tüte mit Keksen von seinem Bauch. Nun lagen die Kekse alle lose im Bett herum. Dieter schnappte sich die Fliegenklatsche.

Wo war sie, die Mücke? Ja, wo war sie jetzt? Sie war nicht mehr zu sehen.

„Mach das Licht an!“, rief Sabine. „Meistens fliegen sie zum Licht.“

Aber die Mücke dachte gar nicht daran, zum Licht zu fliegen.

„Da, da ist sie, auf meiner Bettdecke!“, rief Sabine.

Dieter schlug zu. Daneben. Die Mücke hatte sich längst verzogen. Jetzt surrte sie wieder um Sabines Kopf herum.

Sabine kroch unter die Bettdecke. Von dem Krimi bekamen beide gar nichts mehr mit. Längst war der Kommissar auf Spurensuche. Einen Verdächtigen gab es auch schon.

„Da sitzt sie, an der Wand!“, rief Dieter und stieg durch das Bett bis zur Wand. Dabei zertrat er alle Kekse.

Klatsch!, machte die Fliegenklatsche. Leider wieder daneben.

„Jetzt sitz sie auf dem Spiegel", rief Sabine.

Klatsch! Getroffen! Ein dicker roter Fleck war entstanden.

Der Krimi war schon fast zu Ende. In ihre Betten konnten sich Sabine und Dieter nicht mehr legen, erst mussten alle Krümel heraus. Und als sie damit endlich fertig waren, da war auch der Krimi aus.

Was doch so eine kleine Mücke alles anrichten kann! Ein kleines Tierchen mit großer Wirkung.

Ein knallrotes Gummiboot

Die Kückelkorns hatten sich ein Gummiboot gekauft. Ein knallrotes Gummiboot. Es war recht günstig gewesen, weil es ein gebrauchtes Boot war. Frau Kückelkorn hatte allerdings so ihre Bedenken. Würde es stabil genug sein und halten? Gebraucht ist eben gebraucht.

An einem wunderschönen Sommertag konnten die Kückelkorns endlich zu einer Bootspartie aufbrechen. Die Sonne schien vom blauen Himmel herunter. Frau Kückelkorn hatte extra noch die Wettervorhersage im Radio gehört: Es war kein Regen gemeldet.

Herr Kückelkorn packte das Gummiboot in den Kofferraum seines Autos. Dazu legte er zwei Paddel und eine große Luftpumpe. Das Boot musste ja noch aufgepumpt werden. Dann fuhren sie hinaus aus der Stadt bis zu einem großen See.

Auf dem Parkplatz lud Herr Kückelkorn alles wieder aus und pumpte das Gummiboot auf, bis es prallvoll war. Dann hängte er die zwei Paddel ein, rechts und links. Dafür gab es Ösen.

„Auf geht's!“, rief er seiner Frau zu. Beide stiegen in das knallrote Gummiboot.

Herr Kückelkorn begann zu paddeln. Es machte ihm mächtig Spaß und er hatte gute Laune. „Ahoi“, rief er übermütig auf den See hinaus. Er fühlte sich wie Lord Nelson.

Herr Kückelkorn ruderte weit hinaus. Auf der Mitte des Sees lehnte er sich entspannt zurück. Der Wind schaukelte das Boot auf und ab.

Frau Kückelkorn war das alles nicht ganz geheuer. Sie hatte etwas Angst und außerdem so eine dumme Vorahnung, dass etwas schiefgehen könnte. Ja, und das nicht zu Unrecht. Plötzlich bekam sie nasse Füße. Sie schaute hinunter und ihre Augen wurden ganz groß.

Dann schrie sie aus Leibeskräften: „Wir sinken! Das Boot hat ein Leck! Mach was!“

Herr Kückelkorn formte aus beiden Händen eine Schale und begann das Wasser aus dem Boot zu schöpfen. Doch er merkte schnell, dass er gar nicht so schnell schaufeln konnte, wie das Wasser hereinkam.

Jetzt fing er wie wild an zu rudern. Schnell zurück zum Ufer! Zum Schwimmen verspürte er überhaupt keine Lust. Aber das Rudern fiel ihm immer schwerer, weil sich das Boot immer mehr mit Wasser füllte. Es stand ihnen schon bis zu den Fußknöcheln.

„Schneller, schneller!“, rief Frau Kückelkorn. Auch sie versuchte mit den Händen das Wasser aus dem Boot zu schaufeln. Endlich war das Ufer in greifbarer Nähe. Nur noch zwei Meter, dann war es geschafft. Als die beiden an Land stiegen, hatten sie schon ganz nasse Hosen. Und das Wasser stand ihnen in den Schuhen.

Frau Kückelkorn war sauer. „Das kommt davon, wenn man zu geizig ist, ein neues Boot zu kaufen.“

„Ich werde es gut flicken, dann ist es wie neu“, meinte Herr Kückelkorn ziemlich zerknirscht.

„Ohne mich! Gebraucht ist gebraucht. Das war meine erste und letzte Bootsfahrt mit dem Boot. Ahoi Käpten Nelson, ich will jetzt nach Hause“, sagte Frau Kückelkorn und stieg ins Auto.

Mit ihren nassen Klamotten fuhren beide nach Hause. Auf der Rückfahrt drehten sie im Auto die Heizung auf, denn sie wollten ja keinen Schnupfen bekommen.

Ein Weihnachtsfest mit Tieren

Es war einmal ein Mann, der lebte ganz alleine in einem Haus am Rande der Stadt. Er hatte keine Frau und keine Kinder, keine Verwandten und Bekannten.

Es war am Heiligen Abend, als dem Mann das Feuerholz ausging. Aber ohne ein warmes Feuer im Kamin würde er frieren. Darum beschloss er, in den Wald zu gehen und einige Scheite Holz zu sammeln. Er hatte es nicht eilig, denn schließlich wartete ja niemand auf ihn.

Eine Weile ging er so vor sich hin. Doch plötzlich war er nicht mehr allein. Ein Fuchs hatte sich zu ihm gesellt. Nun liefen die beiden nebeneinander her. Nach einer Weile kam ein Hase dazu. Nun waren sie zu dritt. Dann sprangen fünf Waldmäuse dazu und zwei grüne Frösche. Einige Zeit später flogen vier Krähen herbei. Und dann gesellte sich noch ein Eichhörnchen hinzu.

Inzwischen war es ganz dunkel geworden. Die Sterne strahlten schon hell vom Himmel. Bald war es Nacht, die Heilige Nacht. Und es kamen immer noch mehr Tiere hinzu. Sie liefen neben dem Mann und hinter ihm … Er konnte sie gar nicht alle zählen.

Es war bitterkalt geworden und alle froren. Da sagte der Fuchs: „Ich kenne eine Höhle ganz in der Nähe. Wenn wir uns dort ein Feuer machen, haben wir es alle warm."

Der Mann hatte nichts dagegen. Er war sehr froh, in

der Heiligen Nacht nicht alleine zu sein. In der Höhle zündete er ein Feuer an. Alle Tiere kuschelten sich um den Mann herum. Jetzt fror niemand mehr.

Der Mann fühlte sich sehr wohl. Er dachte an seine Kindheit zurück. Wie schön waren die Weihnachtsfeste damals gewesen! Aber jetzt war er ein alter Mann. Er freute sich, dass er an diesem Abend mit den Tieren zusammen war.

Dann erzählte er den Tieren die Weihnachtsgeschichte. Alle hörten zu. Und als der Mann anfing, „Stille Nacht, heilige Nacht“ zu singen, stimmten sie alle mit ein. Das war die schönste Weihnachtsmusik, die der Mann jemals gehört hatte.

Es summte und brummte ganz feierlich in der Höhle. Es tirilierte und jubilierte ganz festlich. Es jauchzte, quakte und piepste ganz würdevoll.

Und da wusste der Mann, dass das Weihnachtsfest nicht nur für die Menschen ist, sondern für alle. Auch für die Tiere.

Und hier ist das beliebte Weihnachtslied. Können wir es gemeinsam singen?

Stille Nacht, heilige Nacht!
Alles schläft; einsam wacht
nur das traute, hochheilige Paar.
Holder Knabe im lockigen Haar,
schlaf in himmlischer Ruh,
schlaf in himmlischer Ruh!

Stille Nacht, heilige Nacht!
Hirten erst kund gemacht
durch der Engel Halleluja
tönt es laut von fern und nah:
Christ, der Retter ist da,
Christ, der Retter ist da!

Stille Nacht, heilige Nacht!
Gottes Sohn, o wie lacht
Lieb aus deinem göttlichen Mund,
da uns schlägt die rettende Stund,
Christ, in deiner Geburt,
Christ in deiner Geburt!

Text: Joseph Franz Mohr

Der Wunschzettel einer alten Dame

Es war zwei Tage vor Weihnachten. Elli saß ganz alleine am Küchentisch. Sie fühlte sich einsam. Ihre Kinder lebten weit weg. Sie konnten nicht zu Besuch kommen.

Aber Elli hatte ihre Wohnung festlich geschmückt. Ein kleines Weihnachtsbäumchen mit roten Kugeln und Lichtern stand im Wohnzimmer. Im Küchenfenster hing ein Weihnachtsstern aus Transparentpapier. Ein Lichterbogen stand auf der Fensterbank. Wunderschön sah das aus.

Elli seufzte. Niemand würde ihr ein Geschenk bringen. Da kam ihr eine Idee. Schnell holte sie sich Papier und einen Kugelschreiber.

„Ich schreibe dem Weihnachtsmann jetzt einen Wunschzettel“, sagte sie zu sich selbst. Natürlich glaubte Elli längst nicht mehr an den Weihnachtsmann. Aber wer weiß? Also schrieb Elli:

„Lieber Weihnachtsmann,
ich bin schon eine ziemlich alte Frau. Eigentlich glaube ich nicht mehr daran, dass mir der Weihnachtsmann Wünsche erfüllt. Aber ich versuche es mal.

Lieber Weihnachtsmann, ich wünsche mir, dass meine Kinder mich zum Fest besuchen kommen. Und ich wünsche mir, dass mein griesgrämiger Nachbar etwas freundlicher zu mir ist. Außerdem wünsche ich mir, dass meine Nachbarin nicht immer so laut Klavier spielt. Dann wünsche ich mir noch, dass ich niemals mehr krank werde. Und – ganz wichtig – dass ich nicht immer meine Brille vergesse.

Und ich wünsche mir ganz viel schöne Wolle zum Stricken. Ich wünsche mir, dass mein Kopf keine Worte und auch sonst keine Dinge vergisst. Und dann wünsche ich mir noch einen schönen Sissi-Film an Weihnachten im Fernsehen.

Und wenn es dann noch geht, wünsche ich mir, dass meine grauen Haare verschwinden und ich noch einmal richtige Zähne bekomme. So ein Gebiss ist auf Dauer auch nicht gerade schön.

Lieber Weihnachtsmann, ich lege eine große Tasche für dich auf die Fensterbank. Damit alle Geschenke Platz haben. Falls ich etwas vergessen habe, darfst du die Liste ruhig ergänzen. Mit Freuden erwarte ich alle diese Geschenke.

Deine Elli“

Elli legte den Brief und die Tasche auf die Fensterbank in der Küche. Sie stellte noch einen Teller mit Keksen dazu. So hatte sie es als Kind auch immer gemacht. Damals waren ihre Wünsche meistens in Erfüllung gegangen.

Jetzt musste Elli nur noch auf ein Wunder hoffen. Und wie wir alle wissen: Wunder geschehen immer wieder …

Was war Ihr schönstes Weihnachtsgeschenk als Kind? Was würden Sie sich heute wünschen?

Reimgeschichten

Wozu sind unsere Hände da?

Mit den Händen kann man waschen
oder auch vom Kuchen … (naschen),
Essen kochen oder backen
und auch einen Koffer … (packen).
Mit den Händen kann man schreiben
und den harten Käse … (reiben).
Mit den Händen kann man malen
oder eine Rechnung be … (-zahlen).
Mit den Händen kann man nähen
oder auf dem Acker … (säen/mähen).
Hände können Beifall klatschen
und im nassen Sand rum … (-matschen).
Mit den Händen kann man putzen
oder sie zum Streicheln … (nutzen).
Man braucht sie zum Trinken,
manchmal auch zum … (Winken).
Mit den Händen kann man essen
oder einen Teppich aus … (-messen).
Mit den Händen zieht man sich an,
egal ob Kind, ob Frau oder … (Mann).
Mit den Händen kämmt man sich eine schöne Frisur
oder bindet sich einen Gürtel um die … (Figur).
Man braucht die Hände Tag für Tag,
ein jeder seine Hände … (mag).

Darum creme und pflege sie gut
und setze mit ihnen auf den ... (Hut).
Zum Abschied geben wir uns die Hand
oder wir malen ein Herz in den ... (Sand).

Die Füße

Meine Füße sind nun alt und schwach,
laufen nur noch mit Ach und ... (Krach).
Sie können nicht mehr rennen und springen,
ich kann ein Liedchen davon ... (singen).
Am kleinen Zeh prangt ein Hühnerauge,
das muss man baden in Seifen ... (-lauge).
Mit Schuhen bequem, weich und breit
kann ich gut laufen alle ... (-zeit).
Früher waren die Füße schön und gesund,
zum Klagen gab es nie einen ... (Grund).
Meine Füße gingen über Stock und Stein,
selbst nach einem Glaserl ... (Wein).
Sie brachten mich immer nach Hause,
brauchten niemals eine ... (Pause).
Heute muss ich meine alten Füße schonen
und sie mit einem Fußbad be ... (-lohnen).
Eine Massage macht sie wieder munter,

dann komme ich alle Treppen … (herunter).
Doch am Abend wollen sie ruhn,
nicht mehr laufen, nichts mehr … (tun).
Dann sage ich: „Liebe Füße, seid so nett
und tragt mich jetzt zu meinem … (Bett).“

Die Augen

Früher konnten meine Augen gut sehen,
bei der Arbeit und im … (Gehen).
Ob Stricken, Häkeln oder Nähen,
ich konnte alles wunderbar … (sehen).
Doch dann verschwamm alles mit der Zeit,
unklar wurde es, ob nah oder … (weit).
Ich bekam eine Brille auf die Nase,
nun sah ich wieder die Blumen in der … (Vase).
Nur mein Mann ist sich zu fein,
er sagt: „Eine Brille muss nicht … (sein).“
Er kann die Zeitung nicht mehr lesen,
sicht nicht den Staub, wenn er fegt mit dem … (Besen).
Doch Eitelkeit ist da fehl am Platz,
das gilt auch für dich, mein … (Schatz).
Der Willi versteckt gern seine Brille,
ganz heimlich und in aller … (Stille).

Doch ich trage meine Brille gerne,
denn ich sehe damit bis in die … (Ferne).
Ich sehe, wie die Fahnen wehen,
ich kann die Blumen blühen … (sehen).
Das soll so bleiben, das ist gut,
die Brille gibt mir neuen … (Mut).
Ich finde meine Brille schön und nett,
doch jetzt nehme ich sie ab und gehe ins … (Bett).

Die Haare

Früher war ich eine schöne Frau,
heut bin ich alt, die Haare sind … (grau).
Volles blondes Haar trug ich auf dem Kopf,
oft flocht ich mir einen dicken … (Zopf).
Mal trug ich einen Pferdeschwanz
oder frisierte mir einen … (Kranz).
Dann bekam ich graue Strähnen,
da flossen schon mal die … (Tränen).
Mein Mann schneidet vor dem Spiegel eine Fratze,
weil er sich ärgert, denn er hat 'ne … (Glatze).
Er trägt nun immer einen Hut,
damit fühlt er sich dann … (gut).
Früher hatte ich viele Locken,

heute stricke ich warme … (Socken).
Meine Haare sind heute kurz und schön,
ich brauch keine Wickler, nur einen … (Föhn).
So habe ich für andere Sachen mehr Zeit
und bin zu jedem Abenteuer be… (-reit).

Denk immer daran

Gott schuf den Himmel und die Erde,
die Vögel, die Fische und die … (Pferde).
Er schuf das Land und das weite Meer
und noch vieles, vieles … (mehr).
Er ließ bunte Blumen blühen
und die Sonne am Himmel … (glühen).
Gott gab uns Licht und Luft zum Leben,
und er hat uns die Liebe ge… (-geben).
Er schenkt uns das Lachen und das Weinen
und lässt die Sonne immer wieder … (scheinen).
Du bist einzigartig auf der Welt,
egal ob mit oder ohne … (Geld).
Du bist wunderbar, so wie ein Stern,
du bist Gottes Kind, er hat dich … (gern).
So wie du bist, hat Gott dich gewollt –
und das ist einfach … (toll).

Die schöne Liese

Auf der grünen Wiese
saß die schöne … (Liese).
In ihrem seidenen Kleid
war sie eine schöne … (Maid).
Kam ein Jüngling hoch zu Ross,
seines Vaters jüngster … (Spross).
„Liese, wirst du meine Frau?“
„Vater sagt, ich kost eine … (Sau).
„Eine Sau, die hab ich nicht,
was bin ich für ein armer … (Wicht)!“
Als Nächstes kommt ein Schneiderlein,
sein Haar, das glänzt im Sonnen … (-schein).
„Liese, willst du mich zum Mann?
Haus und Hof ich bieten … (kann)!“
„Vater sagt, ich kost eine Sau,
dann bekommst du mich zur … (Frau).“
„Oh, ich bin ein armer Wicht,
denn eine Sau, die habe ich … (nicht)!“
Kommt ein Jägersmann daher,
auf der Schulter ein … (Gewehr).
Er neigt sich vor der Liese
auf der grünen … (Wiese).
Seine Augen blitzen im Sonnenschein,
doch leider hat auch er kein … (Schwein).

Kommt ein Schweinehirt daher,
sieht die Liese, freut sich … (sehr).
Er hat weder Schuh noch Strümpfe an,
doch der Liese gefällt der … (Mann).
„Du hast viele schöne Schweine,
gerne werde ich die … (deine)“,
sagt die Liese, und zum Schluss
gibt sie dem jungen Mann einen … (Kuss).
So bekommt der Vater eine Sau
und der Hirte eine … (Frau).

Welch ein Geplapper

Die Enten schnattern,
die Vögel … (flattern).
Die Bären brummen,
die Bienen … (summen).
Die Tauben gurren,
die Hunde … (knurren).
Die Mäuse pfeifen,
die Affen … (keifen).
Die Schlange zischt,
die Mücke ent … (-wischt).
Die Störche klappern,

die Kinder … (plappern).
Ein Rad schlägt der Pfau,
die Katze sagt … (miau).
Es wiehern die Füllen,
die Löwen … (brüllen).
Alle schnattern und gackern in einem fort,
da kommt man ja gar nicht mehr zu … (Wort)!

Hat Ihnen dieses Buch gefallen? Schreiben Sie's uns auf www.brunnen-verlag.de. Ihre Meinung zählt!

Ein Glas voller Malzbonbons

Geschichten zum Vorlesen und Erinnern

96 Seiten, Taschenbuch
ISBN 978-3-7655-4353-1

Wie kann Maria durch Malzbonbons neue Freunde finden? Was erlebt Werner auf dem Jahrmarkt? Welche Dinge kann Helga bei Neckermann bestellen? Und wer hilft Greta, wenn die Trockenhaube streikt?

Bestsellerautorin Ulrike Strätling weiß aus Erfahrung, welche Geschichten Menschen mit Demenz helfen, sich zu erinnern und Emotionen zu wecken.

In ihren Geschichten geht es um amüsante Alltagssituationen, Urlaubserlebnisse, Tier- und Naturerfahrungen, alte Liebende oder neue Freundschaften. Die Erzählungen berühren das Herz von Zuhörern und Betreuern und bieten Gelegenheit, mit eigenen Erinnerungen anzuknüpfen. Rategeschichten und -reime laden ein, selbst aktiv zu werden.

Neben zeitlosen Geschichten gibt es auch einige Erzählungen für besondere Feste und Anlässe des Jahres.

Weitere Titel von Ulrike Strätling:

Als die Kaffeemühle streikte
Geschichten zum Vorlesen für Demenzkranke

Omas Kuchen ist der beste
Geschichten zum Vorlesen für Demenzkranke

Das schönste Lebkuchenhaus
Weihnachtsgeschichten zum Vorlesen für Demenzkranke

Heut machen wir ein Picknick
Wie-geht-was-Geschichten zum Vorlesen

Die schönsten Märchen der Brüder Grimm
Mit vierfarbigen Illustrationen

Rosenduft und Sonnenschein
Natur- und Tiergeschichten mit vierfarbigen Bildern

So ein schöner Tag
Vorlesegeschichten für Menschen mit Demenz

Kaffeeduft und Sonnenschein
Neue Geschichten zum Vorlesen und Erinnern